別冊 淡海《おうみ》文庫 25

サンライズ出版

成瀬 龍夫 著

比叡山の僧兵たち

鎮護国家仏教が生んだ武力の正当化

目次

まえがき

日本の中世の寺社は、歴史研究で「寺社勢力」といわれるほど、朝廷・公家勢力や武家勢力と肩を並べて社会的影響力と支配力を備えた存在であった。中でも抜きんでていたのは比叡山であった。それは、朝廷や武家政権を畏怖させるモンスター的存在であったといってもよい。

第一に、比叡山は古代から中世にかけて最大の宗教勢力であった。南都の諸宗を凌駕して「顕密《けんみつ》」といわれる体制を確立した天台は、日本仏教の母体をなした。鎌倉新仏教の開祖たちの多くもここで学んで育っていったのである。

第二に、寺社は中世における最大の荘園領主の一つであった。古代律令制国家の崩壊のあと、寺社の荘園領地は拡大を続けた。延暦寺は、地元の近江国はもちろんのこと北陸道・山陰道の諸国や九州に及ぶ地域に荘園を所有していた。

第三に、寺社は僧兵を擁し、中世において非常に恐れられた軍事勢力であった。平安時代の中期から姿を現し、その後、寺社間の武力抗争、朝廷の官兵や幕府の軍兵と武力衝突を繰り返し、最後は信長・秀吉によって滅ぼされるまで武家勢力と与力・合力を繰りひろげた。比叡山延暦寺は、最盛時には三千ないし四千人といわれた僧兵を擁し、寺社武力の姿を示す典型であった。

第四に、古代・中世の政治勢力としても無視できない存在だった。比叡山開基の最澄以来、護国仏教の拠点として朝廷との緊密な関係のもとに発展したが、摂関政治との癒着、南北朝時代の南朝への肩入れ、平氏や源氏との緊張、また頻繁な朝廷への強訴など、その影響力はしばしば政界の中枢に及んだ。

筆者が、比叡山に関心をいだいたのは、学究的な面からではない。筆者がその山麓に居を構えていること、しばしばお山に上がりながら、夏目漱石の『虞美人草《ぐびじんそう》』の「叡山に登って叡山を知らぬ」、山上の清浄な空気を吸い、堂塔の厳かなたたずまいに癒されるだけで、何も知らないことに多少とも恥じ入る気持ちが湧いてきたからである。

初めから執筆計画のようなものがあったわけではない。最初のテーマを調べて書いているうちに新たな疑問と新たなテーマが浮上するということを繰り返してきた。信長による比叡山焼き討ち事件を調べているなかで、中世寺院はどういう事情から僧兵武力を持つようになったのかという疑問が湧き、その答を探るなかで今度は、軍記物などでわれわれがイメージを抱く僧兵の姿は実際にどうであったのか、といった具合にである。もっぱら関連書物を読み進める中で自分の推理と想像を組み上げていった。

したがって、筆者が各章の冒頭に設定した問題は、とっくに専門家の答が出ていることで、筆者の浅学、初歩的な無知によるものだと感じる専門家もいるだろう。そうはいっても、専門家のなかで、問題意識や視点の違いからか、あるいはこれまでの研究の到達点の制約からか、意外とその解釈に幅や違いがあったり、「想像の翼」を広げる人もいることを実感した。それゆえに、門外漢として素朴な問題設定をすることに遠慮しないようにした。

本書は、当然学術的な専門書といった類のものではなく、筆者の頭の中を整理する目的で書いた読み物にすぎない。しかし、自分勝手な推理や想像をふくらますことを自戒し、すでに明らかにされている史実を逸脱しないように心がけたつもりである。また、既存の書物の中から自分に都合のよいところだけを切り貼りしてダイジェスト版をこしらえるといった堕落した方法をつとめて避けるようにした。

各章について、簡単にコメントしておきたい。

第一章　信長の比叡山焼き討ちを検証する

元亀二年（一五七一）の信長による比叡山焼き討ちが実際どの程度の規模であったかについて考証したものである。事件当時から通説となってきた焼き討ち大規模説から、昭和の時代になって行われた延暦寺焼け跡発掘調査による小規模説まで諸説がある。専門家の中でも決着していないといってよいこの問題を比較検証した。「やはり焼き討ちは大規模であった」というのが、筆者の下した判断である。

第二章　中世寺院の武力―僧兵とは何であったか―

古代から中世にかけて南都北嶺、地方の寺社に至るまで僧兵武力を擁することになった原因について、寺院武力の発向（武力発動）の対象を類型的に見ることによって調べてみた。また、僧兵を生み出した寺院社会の内部の仕組みや僧の階層的秩序の形成を考察した。さらに、僧兵の武力としての実力の評価を試みた。

第三章　僧兵のイメージを見直す

「飲酒生食」「妻帯」など仏教の戒律との関係で世間から浴びせられた批判、朝廷側や武家勢力の視点からなされた「強訴」や僧の武装に対する非難、寺院内部での僧の生活規律や「裹頭《かとう》・刀杖《とうじょう》による妨法《ぼうほう》」などに関する統制などを吟味し、「悪僧」のイメージを糺《ただ》すことを試みた。また、日本の僧兵と中世ヨーロッパの十字軍修道会騎士の比較を試みた。

第四章　良源は「僧兵の創始者」か

江戸時代になって、良源（慈恵《じえ》大師）を「僧兵の創始者」とする説が流布した。良源は、一方で下級の僧を武一行にする意向を示し、他方で僧の乱暴狼藉を禁止する制式を定めた。僧兵をめぐる一見して矛盾した良源の態度とその背景をどう理解するのかを検討し、延暦寺「中興の祖」といわれる良源の功罪が大きいことにも論及した。

第五章　鎮護国家仏教と武力正当化の論理

僧兵に対する評価として、中世寺院が生き残っていくために武力形成はやむを得なかったとする現実主義的正当化説、とくに荘園領地の管理防衛のための武士の発生と同等の論理を説く説が多い。これに対して、鎮護国家仏教に内在する論理として王法と仏法の関係にあらためて注目し、その関係を通して、護法のための武力が正当化される論理を重視した。

第六章　延暦寺と三井寺　―分裂と抗争の理由―

妥協も和解もない流血の武力抗争を三百年以上にわたって続けた山門と寺門。両者の対立の原因となった天台座主《ざす》のポスト争いや園城寺《おんじょうじ》（三井寺）の独立戒壇設置問題についてのそれぞれの言い分を見比べ、また両寺と朝廷の「三方損」ともいうべき得失を振り返ったものである。

第七章　秀吉による三井寺闕所《けっしょ》の謎

延暦寺は信長による焼き討ちで「全山灰燼《かいじん》」に帰したが、三井寺は秀吉によって文禄四年（一五九五）に突然闕所され、「一山堂宇失う」という事態となった。なぜ三井寺は闕所となったのか、その理由が明らかになっていないので、三井寺と秀吉の接点、さらに三井寺と秀次の接点などを調べて謎解きを試みた。結論は、「やはりわからない」である。

第八章　延暦寺の堅田《かたた》大責《おおぜめ》とその背景

応仁の乱の最中、延暦寺は室町幕府の意を受けて、膝下《しっか》の堅田を焼き討ちした。この原因と背景を知るために幕府と延暦寺、延暦寺と堅田のあいだにいかなる関係があったのか、また、大責に加担した坂本の馬借がどういう役割を果たしたのかを探った。

筆者の一番の問題意識は、仏教教団が、戒律のなかでも「第一重戒」である不殺生戒を破ってなぜ武力を形成したかという理由を知りたいことである。

この疑問は、日本人の大多数が有する素朴な疑問であり、かつ明確な答をもっていないといって差し支えないだろう。本書で、この疑問にどれほど迫ることができたかについて自信はないが、安易に僧兵の発生や役割を武士のそれと同等視する説に同調せず、鎮護国家の仏教自体に武力を正当化する内在的論理があったとするのが筆者の結論的な考察（本書の第五章）である。

宗教暴力の問題は中世の歴史を振り返ることにとどまるものではない。わが国では、武力を正当化する鎮護国家の思想は、明治国家になってから古代や中世以上といってもよい姿で復活し、僧も一兵卒として戦場に動員され、仏教教団の大半は戦争に協力していった。そのために、第二次世界大戦後、教団は深刻な負の遺産をかかえて歴史的な反省に追い込まれ、姿勢を一転して世界平和を祈願するようになっている。

比叡山にのぼると、「平和の塔　元亀兵乱殉難者鎮魂塚」という石碑が立っており、信長による被災が今日に至るも大きな陰となっていることがわかる。山上で至るところ目にするのは、「一隅《いちぐう》を照らす」という宗祖の伝教大師最澄の言葉と、「世界平和の祈り」という文句である。「一隅を照らす」という言葉には、比叡山において国家有為の人材を育成するという最澄の理想が込められている。

しかし、その没後百年足らずして、武装した「悪僧」たちが山上を徘徊するようになるとは、最澄も夢想だにしなかったであろう。

第一章　信長の比叡山焼き討ちを検証する

延暦寺の鎮魂・鎮護の塔

比叡山延暦寺のバスセンター駐車場から国宝殿の拝観口に進むと、わきに「平和の塔元亀《げんき》兵乱殉難者鎮魂塚」という石碑が立っている。参詣者の誰にも目に入るが、「元亀の兵乱」なる文句にすぐにピンとくる人は少ないであろう。その次の「殉難者」という字を見て、急に熱くなる思いで、ああ、ここは何百年か前、織田信長によって焼き討ちがなされた惨劇の現場だったのかと気づくのである。

石碑の案内板に次のような説明がある。

平和の塔　元亀の兵乱殉難者鎮魂塚について

比叡山延暦寺は、元亀《げんき》の兵乱すなわち織田信長の叡山焼討ちというういまわしい歴史をもっている。今から四百二十年前、元亀二年九月十二日、信長軍は、坂本（比叡山東麓）の街を手始めに日吉山王二十一

比叡山延暦寺の元亀兵乱殉難者鎮魂塚

社すべてを焼き払った。次いで比叡山を目指し根本中堂以下三塔十六谷の堂塔、僧房五百を三日三晩かけてすべて焼き尽くした。また坂本の街から炎に追われて山上に逃げ込んだ者一千余名、山上の僧俗あわせて一千余名は、ことごとく焼殺、惨殺されたといわれる。

天下布武を唱えて天下統一を目指す信長に旧勢力に属する延暦寺が、守護大名である越前の朝倉家や近江の浅井家などと連携して対抗したのがその基因であるが、あまりにも悲惨な出来事であった。

比叡山は、その後秀吉、家康の庇護を受け復興されるがその傷跡はあまりにも大きく、その後の比叡山に大きな陰をおとしている。

四百二十年を経た今、犠牲となった人々、仏法のため殉教した僧俗二千余名のためここに塚を築き、遺品を埋め、塔を建立して追善の回向法要を修し霊魂を鎮め先人達の霊を慰めんとするものである。なおまた攻め込んだ信長軍の戦没者の霊に対しても十年後に同じく本能寺で火に焼かれた信長その人の霊にも恩讐《おんしゅう》を越え、怨親《おんしん》平等の心をもって追善供養を施すものである。世界鎮護の如法塔の文字は、第二百五十三世天台座主のご染筆によるものでこの塔がさらに心の平安と恒久の世界平和を祈願している。

平成四年十月二日
比叡山延暦寺
京阪電気鉄道株式会社
京阪バス株式会社
比叡山自動車道株式会社
江若交通株式会社
株式会社比叡山ホテル

短い文なので繰り返すまでもないのだが、要点を確認すれば、四百二十年前信長による焼き討ちで比叡山の山上山下がすべて焼き尽くされ、僧俗二千人余が一人残らず殺された、この悲惨な出来事がいまもなお比叡山に大きな陰となっている、延暦寺側の殉難者の回向法要だけでなく、信長側の戦没者についても、信長その人を含めて追善供養を施す、さらに「世界鎮護の如法塔」として「心の平安と恒久の平和を祈願」する、というものである。

殉難者「鎮魂」と世界「鎮護」という二重目的の塔が築かれた経緯はわからない。しかしながら、延暦寺が世界平和を祈る熱意と活動には並々ならぬものがある。延暦寺の諸堂を参詣中、至るところ目にするのは「一隅《いちぐう》を照らす」という最澄の言葉および「世界平和の祈り」という文句である。原爆被災者の追悼供養、世界宗教者平和サミットの開催など、比叡山の「世界平和の祈り」という言葉は決して誇張ではない。それらはまた、開基最澄に始まり円仁、円珍、栄西、道元など多彩な国際的宗教家を輩出してきた延暦寺ならではの世界平和活動だといえよう。

延暦寺の「鎮魂・鎮護」のそれはそれとして、比叡山はどういうわけで信長に焼き討ちされたのか、焼き討ちは神仏の天罰を恐れぬ信長の異常性がもたらした災難だったのか、それとも比叡山側に何か重大な非があったのか、さらに、当時や後世の人々は比叡山焼き討ちという歴史的大事件をどのように受け止めてきたのか、さまざまな疑問と関心が湧いてくる。疑問をふくらませると、そもそも延暦寺をはじめとして日本の中世寺院は何故に僧兵を擁していたのか。不殺生の戒律のもと世の平和を祈願することを使命とした僧が、武装し殺生の先頭に立つことは一大矛盾に見えるが、その裏にはいかなる事情と論理があったのか。

1．比叡山焼き討ちの大規模説と小規模説

謎の多い比叡山焼き討ち

信長による比叡山焼き討ちは、その全貌が明らかであると思いきや、いまなお不明な点が少なくない。

先の案内板に書かれている、比叡山の山上山下がすべて焼き尽くされ、僧俗二千人余がことごとく殺されたといったことは、それを裏付ける確かな史料があるわけではない。死者の概数にしても、一千五百人（ルイス・フロイスの書簡）、二千人、三千ないし四千人（山科言継《ときつぐ》の日記）など、さまざまな数が散見される。

なんといっても、比叡山の山上山下の堂宇がすべて焼き尽くされたことについて、昭和後期の発掘調査で、焼亡の規模はかなり小さかったという、永いあいだの通説をひっくり返す報告が出された。山上の焼け跡発掘調査にあたった兼康保明《かねやすやすあき》氏は、「明確に元亀の焼亡を指摘できるのは、根本中堂と大講堂のみ」とのべている（兼康保明「織田信長比叡山焼討ちの考古学的再検討」）。

先へ進もうにも、信長の比叡山焼き討ちは、その焼亡の規模に関して「全山灰燼に帰した」というのと、山上は「根本中堂と大講堂のみ」というのと、まったく両極端な説に阻まれる。前者を「大規模説」、後者を「小規模説」と呼ぶことにするが、いったいどちらが真相なのか、まずはこの不明を何とかせざるをえない。筆者なりの推理と想像を積み上げ、実相に迫ってみたい。

太田牛一『信長公記』と焼き討ち大規模説

信長の比叡山焼き討ちを検証する上でまず参考となるのは、太田牛一の著した『信長《しんちょう》公記《こうき》』である。『信長公記』こそ、焼き討ち大規模説を代表するものといってよい。太田牛一は、同書巻四のなかで、信長の比叡山攻撃の経緯を次のように記している。中川太古訳『現代語訳　信長公記』上巻（新人物往来社）から関連箇所をそっくり引用する。

去年、信長が野田・福島をせめて、もう少しで落城という時、越前の朝倉義景と北近江の浅井長政が坂本方面に攻め寄せた。信長は「敵が京都市中に侵入したらやっかいなことになる」と言って、野田・福島の陣を引き払い、ただちに逢坂山を越え、越前・北近江勢に攻め掛かり、局笠山へ追い上げた。

兵糧攻めにする作戦で、延暦寺の僧衆を呼び寄せ、「このたび信長に味方をすれば、信長の領国中にある延暦寺領を元どおりに返還する」旨を誓い、さらに朱印状を手渡して、「しかし、出家の道理で一方のみに味方することはできないと言うのであれば、我々の作戦行動を妨害しないでもらいたい」と筋道を立てて申し聞かせ、「もしもこの二ヵ条に違背したならば、根本中堂・日吉大社を始めとして、一山ことごとく焼き払うであろう」と言明したのであった。

比叡山の山上・山下の僧衆は、延暦寺が皇都の鎮守であるにもかかわらず、日常の行動でも仏道の修行でも出家の道をはずれ、天下の笑いものになっておるのも恥じず、天の道に背くことの恐ろしさにも気づかず、色欲に耽《ふけ》り、生臭ものを食い、金銀の欲に溺《おぼ》れて、浅井・朝倉に荷担《かたん》し、勝手気ままな振るまいをしていた。けれども信長は、時の流れに従って、ひとまずは遠慮をし、事を荒立てぬよう、残念ながら兵を収めたのであった。

遂にその時が来たのであろうか。その鬱憤《うっぷん》を今日こそ晴らすため、九月十二日、比叡山を攻撃し、根本中堂・日吉大社を始め、仏堂・神社、僧坊・経蔵、一棟も残さず、一挙に焼き払った。煙は雲霞《うんか》の涌き上がるごとく、無惨にも一山ことごとく灰燼《かいじん》の地と化した。

山下の老若男女は右往左往して逃げまどい、取るものも取りあえず、皆はだしのまま八王子山へ逃げ上り、日吉大社の奥宮に逃げ込んだ。諸隊の兵は、四方から鬨《とき》の声をあげて攻め上った。僧・俗・児童、学僧・上人《しょうにん》、すべての首を切り、信長の検分に供して、これは叡山を代表するほどの高僧であるとか、貴僧である、学識の高い僧であるなどと言上した。そのほか美女、小童、数も知れぬほど捕らえ、信長の前に引き出した。悪僧は言うまでもなく、「私どもはお助けください」と口々に哀願する者たちも決して宥さず、一人残らず首を打ち落とした。哀れにも数千の死体がごろごろところがり、目も当てられぬ有様だった。

信長は、年来の鬱憤を晴らすことが出来た。そして、滋賀郡を明智《あけち》光秀に与え、明智は坂本に居城を構えたのである。

比叡山焼き討ちに関して、『信長公記』以上に詳細な記述を残した文書はない。事件当時の史料として、京の公家であった山科言継の『言継卿記《ときつぐきょうき》』、大和の興福寺多聞院の法印であった多聞院英俊の『多聞院日記』がよく参照されるが、それらは風聞、あるいは京から比叡山の方角に黒雲が上がるのが見えたという望遠の記録である。

『信長公記』は、比叡山焼き討ちから三十年以上経た時期の著作であるが、内容の信憑性、史料価値について定評がある。信長に関する伝記にはもう一つ小瀬甫庵《おぜほあん》の『信長記』があるが、これは、『信長公記』を下敷きとしており、しかも改作、創作の疑いがあって信憑性は低いものとされている。太田牛一は、信長の右筆《ゆうひつ》として関連情報を集められる地位にあったこと、日次（日記）を書きためていたこと、ときには関係者に聞き取りを行っていることなどがわかっている。その上で、本人が「曾て私作私語にあらず、直に有ることを除かず、無きことを添えず」（池田家文庫本『信長（公）記』巻十三奥書）と断言しているのであるから、その実証的な姿勢とともに、「ほぼ史実に忠実」であると評価されている。『信長公記』が、比叡山は「一山ことごとく灰燼の地と化した」とのべたことによって、焼き討ち大規模説は以後通説となった。

ただし、『信長公記』の記事には、いくつか不満がないわけではない。第一に、焼き討ち攻撃の開始日はあるが、終了日が書かれていない。この点は、他の文書によって、十五日までの四日間であることがわかっている。第二に、殺戮の規模が「数千」としか記されていない。この点も諸史料で補わざるをえなくなり、同時にさまざまな推測値が生まれることとなった。第三に、僧兵の抵抗の気配がまったくないが、山上で何十人かの僧の抵抗があったとする説も見られる。第四に、信長軍が比叡山の山麓を包囲した状況、いかなる軍勢と配置で攻撃に及んだのかが不明である。この点にこだわるのは、前年の「滋賀の陣」については、『信長公記』巻三で、武将名やその配置場所を具体的にあげて、信長軍が比叡山麓を完璧に包囲したことが書かれているからである

延暦寺発掘調査と焼き討ち小規模説

昭和後期の延暦寺発掘調査にもとづく焼亡の小規模説を紹介しよう。

兼康保明氏の「織田信長比叡山焼討ちの考古学的再検討」は、比叡山の三塔、東塔《とうどう》・西塔《さいとう》・横川《よかわ》の焼け跡遺構の存否を調べ、またそれ以前の昭和四十年代の奥比叡ドライブウェイの建設に伴って実施された遺構調査の結果も含めて報告している。概要を表（24ページ参照）にしたので、それをご覧いただきたい。

元亀の焼き討ちによる焼土跡が山上で確認されたのは、「根本中堂・大講堂のみ」である。他の諸堂は元亀年間のはるか以前の時代に廃絶されたものが江戸期なってから再建されたとおぼしきもので、一部の礎石や根石に焼け跡が検出されたが、出土遺物などと併せると、少なくとも元亀焼き討ちの遺構とは判断されなかった。注目したいのは、東塔の法華総持院で、「記録によっても発掘によっても、すでに元亀の焼討ち以前に消失しており、元亀消失説は巷説にすぎない」とされている。また横川中堂についても、元亀の焼き討ちを裏付けるものは何もないとされている。

兼康論文の次のような一節は、大きな驚きと反響を呼ぶものとなった。

三塔各所の発掘調査の結果から結論づけるなら、元亀二年の織田信長による焼討ちの際、比叡山に所在した堂舎の数は少なく、また十六世紀代の異物の少ないことから、『多聞院日記』などにみられ

延暦寺諸堂の焼き討ちの遺構発掘調査の結果

		再建年	推定	推定の根拠
東塔	根本中堂	寛永年間	元亀焼き討ちで消失	焼け跡・『言継記』
	大講堂	寛永年間	元亀焼き討ちで消失	焼け跡・『言継記』
	法華総持院	昭和期	元亀以前に消失	
	文殊楼		元亀以前に廃絶	
西塔	釈迦堂	文禄年間に移築	それ以前は不明	
	法華堂	文禄年間	焼け跡なし・新位置に再建	
	常行堂	文禄年間	焼け跡なし・新位置に再建	
	堂跡群		平安・鎌倉期に廃絶	
	坊跡群		室町期末に焼亡・廃絶	
	妙観院跡	江戸期		
横川	横川中堂	慶長年間	元亀焼き討ち遺構なし	

兼康保明「織田信長比叡山焼討ちの考古学的再検討」、『滋賀考古学論叢』第1集、1981.4、より作成

るように、僧衆の多くは坂本に下り、生活の場もすでに山を離れていたと考えざるをえないのである。つまり、全山数百の諸堂が紅蓮の炎に包まれ、大殺戮がくりひろげられたとするイメージが生み出すのとはうって変わった、閑散たる光景しか存在しなかったのが現実である。

比叡山焼き討ちに関連する発掘調査はもう一つ、坂本里坊《さとぼう》に関するものがある。平成元年（一九八九）から同二年にかけて坂本里坊遺跡四カ所のトレンチ調査がなされた。その一つである延命院境内のトレンチ調査では、「文献上にみられる室町から安土桃山時代にかけて注目されている織田信長による元亀の兵火による焼土層などの痕跡はおろか、焼土層はまったく確認されなかった」（大津市教育委員会『坂本遺跡群発掘調査報告書』、二〇〇三年三月）。残りの場所でも、焼土跡の報告はなされていない。これまた、小規模説を補強するものである。ただし、この調査は、箇所が少なかったか、場所がはずれていたという可能性もある。これでもって、坂本里坊の焼き討ち被害が少なかったという判断を下すことは難しいのではないか。山上の焼き討ち跡が少なく、坂本も焼け跡が少なかったというのでは、信長の比叡山焼き討ちは天下を大げさに騒がせた虚像に近いものとなる。

延暦寺は焼亡中規模説か

文献史料と考古学的史料とのあいだに相当な違いがあることは必ずしも珍しいことではないが、この場合にはあまりにも極端な違いがあるといわざるをえない。

ここでぜひ知りたくなるのは、今日の延暦寺が被災の原因と規模をどの程度に認識しているかである。

それを知る直接の手がかりは、延暦寺の寺史があれば手っ取り早いが、公式な寺史は刊行されていない。その代わりに、延暦寺執行局が編纂した『比叡山―その歴史と文化を訪ねて―』（一九九三年初版、二〇〇一年改版）が参考になる。本書は、著名な専門家たちの執筆によるものであり、簡便な啓蒙書であるとはいえ、専門的な視点や論点を持った本である（同書には、比叡山の焼き討ちの原因と被災規模の評価とともに、もう一つ重要な論点として、僧兵に関する通説への反論が展開されている。それは、１１３ページで取り上げる）。

同書は、信長による焼き討ちの原因をまず次のようにのべている。

信長はかねてより、比叡山の衆徒を味方にしようと交渉を重ねてきたが比叡山としては新人の織田信長は信用できず、従来から親交深かった朝倉氏と通じていた。ところが、京の信長を攻めんとした朝倉氏を迎え討つ信長軍が優勢となったので、朝倉軍やその援軍であった浅井軍が比叡山へ避難した。そこで信長は浅井・朝倉を滅ぼすため比叡山焼き討ちを決行したのである。

この文脈では、比叡山に逃げ込んでいた朝倉・浅井軍を信長が攻め滅ぼすために焼き討ちを掛け、延暦寺はそのトバッチリを受けたかのような印象を与える。同書は、信長の比叡山焼き討ちは、太田牛一の『信長公記』が「現代の日本の歴史家の一般的な理解」のもととなっているとして批判の矢を向け、次のようにいう。

しかるに、山上には瑠璃堂（重要文化財）が残っている。釈迦堂の裏手に現存する弥勒石仏はたしかに火を浴びた姿をとどめているが、秀吉の攻撃を受けた安楽律院にあった「阿弥陀聖来迎図」は高野山に現存し、横川の霊山院にあった「十界図」は聖衆来迎寺にある。さらに「元三大師絵像」も寛永寺に現存する。いずれも国宝に指定された貴重な文化財である。また、秀吉は高僧や婦女子を多く逃している。それから、山上の諸堂跡の発掘調査によると、焼土の発見も非常に少ないのである。従って、『信長公記』の記事はたいへん誇張した物語というべきであろう。

同書にいわせれば、信長は比叡山を焼き討ちするのが本命ではなく、比叡山に逃げた朝倉・浅井を討つためであったから、結果としても三塔には焼き討ち以前の平安・室町期の仏像が残存しているのであり、「このように見てくると、信長の焼き討ちの実態は通説よりかなり訂正されねばならない」と結んでいる。

これは、焼き討ち大規模説に対する抗議ともいえる反論である。しかも、「山上の諸堂跡の発掘調査によると、焼土の発見も非常に少ない」というのは、先の発掘調査の結果に力を得たことを示す。しかし、冒頭で紹介した鎮魂碑では、「根本中堂以下三塔十六谷の堂塔、僧房五百を三日三晩かけてすべて焼き尽くした」と書かれている。えらい違いである。いまや、延暦寺サイドから発信されている信長の焼き討ちに関する情報はかなりの混乱を来しているかのように見える。

しかし、今日の延暦寺は、そうあっさりと小規模説に傾くとは思われない。多くの文献で触れられてきたように諸堂の相当の被災があったとの印象は払拭できず、僧俗信徒衆の数千人に及ぶ人的被害という深刻さもあったので、焼け跡遺構だけで「根本中堂と大講堂のみ」という小規模説に簡単にくみするわけにはいかないだろう。延暦寺の今日の立場は、ひとまず中規模説と理解したいが、あとで見るように、延暦寺は平成二十五年（二〇一三）に焼亡大規模説といってよい調査報告書を作成している。

2．焼き討ちはやはり大規模だった

武覚超博士の『比叡山諸堂史の研究』

比叡山の諸堂について、その創建から廃絶、再建まで詳しく研究した書がある。叡山学院教授で、求法寺住職の武覚超《たけかくちょう》氏の『比叡山諸堂史の研究』（法蔵館、二〇〇八年）である。この書は、氏が、古絵図や山門諸記録を中心とする古文献を丹念に考証し、さらには山中くまなく踏査して古道の再確認を行い、比叡山の三塔一六谷と坂本の堂舎僧房の歴史をまとめたもので、二〇〇七年には博士の学位を取得している。調査を通じて、氏は、古来、比叡山には最盛期には三千の堂舎僧房があったといわれてきたが、「文献でみる限り、堂舎僧房四百件、社殿四十五件、霊跡二百二十五件で、その総数は六百七十件であることがわかった」という。

本稿のテーマにかかわるところを紹介すると、氏の作成した表「三塔惣堂分変遷一覧」（31ページ参照）が参考になる。これを見れば、信長の焼き討ち直前に存在した諸堂が江戸初期、江戸中期、そして現在ではどうなっているのかが一目でわかる。ただし、この表では、堂舎が焼き討ちによっていったん焼失したかどうかはわからないものがある。例えば、東塔の根本中堂と大講堂は、焼き討ち直前には存在し、江戸初期にも存在していたので、焼き討ちによる焼失があったかどうか不明である。しかし、武博士は古文書を検討して諸堂の来歴を詳述されており、根本中堂と大講堂の信長焼き討ちによる焼失を確認されている。他に焼き討ちによって焼失し再建されたものとして触れているのは、東堂では文殊楼、常行堂、法華堂、戒壇院、浄土院、無動寺、山王院、大黒堂、西塔では三井寺の弥勒堂を移築した釈迦堂、さらに横川では中堂などである。

氏は、『信長公記』などが「比叡山三塔一六谷の堂塔伽藍は一宇も残さずことごとく灰燼に帰したと伝えている」と書いているので、そのスタンスは通説にのっとった焼き討ち大規模説とみられる。氏の史料研究からは、通説に疑問を投げかけるほどの問題は出てこなかったということだろう。

三塔惣堂分変遷一覧　　（○は存在を示し、×は廃絶を表わす）

	堂社　年代	焼き討ち直前	江戸初期（1652）	江戸中期（1767）	現在（1993）
東塔惣堂分	根本中堂	○	○	○	○
	法華堂	○	×	×	×
	常行堂	○	×	×	×
	戒壇院	○	○	○	○
	浄土院	○	○	○	○
	阿弥陀堂	○	×	×	×
	別当太師堂	○	○	○	○
	定心院	○	○	×	×
	四王院	○	×	×	×
	八部院	○	○	○	○
	山王院（千手堂）	○	○	○	○
	大講堂	○	○	○	○
	鐘楼	○	×	○	○
	大黒堂	×	○	○	○
	宝蔵	○	×	○（山麓へ）	○
	神宮寺	○	×	×	×
	文殊楼	×	○	○	○
	法華総持寺	×	×	×	○
	政所（食堂）	○	○	○	○（会館）
	書院	×	×	×	○
	東塔小計	16	11	12	15
西塔惣堂分	釈迦堂	○	○	○	○
	鐘楼	○	○	○	○
	法華堂	○	○	○	○
	常行堂	○	○	○	○
	相輪樘	○	○	○	○
	六所社	○	×	×	×
	食堂（御供所）	×	○	○	○（政所）
	恵亮堂	×	×	○	○
	西塔小計	6	6	7	8
横川惣堂分	横川中堂	○	○	○	○
	鐘楼	○	○	○	○
	妙法堂	○	×	×	○
	三十番神	○	×	○	○
	甘露山王社	○	○	○	○
	文殊塔	○	○	×	×
	四季講堂	○	○	○	○
	法華堂	○	×	×	×
	常行堂	○	×	×	×
	砂碓堂	○	×	×	×
	赤山明神社	○	×	○	○
	花台院	○	×	×	×
	政所（御供所）	×	○	○	○
	竜王社	×	×	○	○
	横川小計	12	6	8	9
三塔合計		34	23	27	32

（出所）武覚超『比叡山諸堂史の研究』法蔵館、2008.3

延暦寺による『建造物総合調査報告書』

平成二十五年（二〇一三）三月、延暦寺から『建造物総合調査報告書』が発行された。この報告書は、延暦寺が奈良文化財研究所に委託した二年間の調査結果である。調査の目的として、これまで全山の悉皆的な建造物調査がなされておらず、この調査は歴史的建造物の実態を把握し、今後の保存対策の基礎資料とすることが目的であるとする。調査の方法は、建造物調査、史料調査、絵図調査、類別調査の四つである。焼け跡遺構の調査は入っていない。

約二百八十ページの分厚い報告の詳細には立ち入らないが、信長による焼き討ちの影響に関しては、次のようにのべている。

明応の火災から半世紀以上をかけて、延暦寺は徐々に復興しつつあったが、元亀二年（一五七一）九月十二日に始まった織田信長による焼き討ちは、創立以来、最大の苦難であった。信長は山上・坂本を徹底的に焼き払ったため、現在も残る焼き討ち以前の建物は、移築された建物を除いて瑠璃堂のみであり、延暦寺は文字通り、壊滅的な打撃を受けた。まさにこの焼き討ちは建築的にも政治的にも延暦寺の中世の終焉を示しているといえよう。

このように、調査報告では、焼き討ち以前から残る建築物は瑠璃堂のみとされ、焼亡大規模説が確認される内容となっている。焼き討ちは、「建築的にも政治的にも延暦寺の中世の終焉を示している」とするなど、延暦寺側からの信長焼き討ち事件をめぐる評価の決定版といってもよいだろう。

総合的な判断結果

延暦寺諸堂の建築上の来歴情報（二〇一三年の『建造物総合調査報告書』と武博士の研究成果など）を踏まえて、主な諸堂の焼き討ちの影響の有無を整理しておこう。判断基準を整理してみると、次のような五つのケースが考えられる。

A　焼き討ち消失後に再建もしくは移築されたもの
B　焼き討ち以前に廃絶されていたが、焼き討ち後に再建・移築されたもの
C　焼き討ち以前から残っているもの
D　後世に新たに造営されたもの
E　廃絶されていたのを後世に復興したもの

現存する主な諸堂について、各ケースに該当するのは以下のようになる。

〈東塔〉

根本中堂	A	江戸期の寛永年間に再興
大講堂	A	江戸期の寛永年間に再興
文殊楼	B	焼き討ち以前に廃絶。江戸期の寛文年間に再建。
阿弥陀堂	D	昭和十二年（一九三七）竣工
法華総持院	E	焼き討ち以前に廃絶。古図にもとづき昭和六十二年（一九八七）再建
戒壇院	D	江戸期の延宝年間に部分的に建造
浄土院	A	焼き討ち焼失後、江戸期に再建

〈西塔〉

釈迦堂	A	十六世紀末の文禄年間に園城寺（三井寺）の弥勒堂を移築
常行堂	A	文禄年間に復元
法華堂	A	文禄年間に復元

〈横川〉

横川中堂　　Ａ　元亀兵火の後、天正十二年（一五八四）再興。現在の堂は昭和四十六年（一九七一）落慶
元三大師堂　Ａ　天正十四年（一五八六）から復興が始まり、その後たびたび改修
〈その他〉
瑠璃堂　　　Ｃ　比叡山では最古、珍しい禅宗様（唐様）の室町建築

焼き討ちを受けその後に再建されたものは東塔の根本中堂、大講堂だけでなく、西塔にある釈迦堂、常行堂、法華堂も加えられる。西塔の釈迦堂は、文禄四年（一五九五）秀吉による三井寺闕所の折りに、三井寺の金堂が移築されたことは史料から明白であって、その前に存在していた堂が焼失していた可能性を示している。焼き討ち以前の廃絶は東塔の文殊楼、法華総持院、評価がわかれるのは横川の諸堂および瑠璃堂ということになる。ところが、横川中堂については、天正十年（一五八二）の尊朝法親王『比叡山再興勧進帳』に再建の記事があって、それが事実だとすると、時間的にはＡのケースとなる。

実は瑠璃堂についても、瑠璃堂だけが信長による焼き討ちを免れたとは考えにくく、江戸期になって移建された証拠があるという説もある。また、31ページの表に挙げてはいないが、古文献上では焼き討ち直前には存在していたのに、その後廃絶されたか、江戸期に

一度再建され、大風による倒壊などによって廃絶に至ったものもある。前掲の武博士の作成した表では、東塔の常行堂〈再建されたが、寛永十一年〈一六三四〉大風で倒壊〉、法華堂〈前に同じ〉、四天院、神宮寺、西塔では六所社、横川では如法堂、法華堂、常行堂などが挙げられる。

さて、「大規模」「中規模」「小規模」いずれの説を採るかは、率直に言って非常に難しい選択である。とくに長きにわたって通説であった大規模説を否定することは、日本史的意義のとらえ方にも影響する問題である。近年では、小規模説を受け容れる研究者も散見され、大津市歴史博物館市史編さん室編の『図説　大津の歴史』上巻〈大津市、一九九九年〉は、次のようにのべている。

近年の発掘調査によると、当時の山上における生活をうかがわせる遺物は意外に少なく、焼き討ちの痕跡をうかがえるのは、いまのところ根本中堂と大講堂だけという。このことは、焼き討ちの主戦場が山上ではなく、多くの僧俗の居住した坂本であったことを示している。そして、僧俗の逃げ場を閉ざすために山上の主な堂舎も焼き討ちされたが、そこから立ち上がる黒煙は、京都や湖西路からは比叡全山が炎上したように遠望されたのであろう。

〈高島幸次氏の執筆〉

瑠璃堂は比叡山では最古の室町建築

焼き討ち直前の山上が閑散としていたことは、事件の一年前に比叡山にのぼった多聞院英俊がその有り様にショックを受けたことを『日記』に書いている（村山修一『比叡山史―闘いと祈りの聖域―』）。信長の主たる攻撃対象が僧俗の多数居住していた山下の坂本であったことは想像に難くないが、しかし、だからといって山上の焼き討ちが一部分にとどまったとは考えにくい。焼き討ちが四日間にもわたっていることは、山上もまた隅々まで焼かれた可能性を感じさせる。

筆者としては追い込まれるような気持ちであるが、判断は大規模説に傾いている。その理由は、先ほどの考察の通り、根本中堂、大講堂、釈迦堂、常行堂、法華堂、それに横川中堂もAにカウントするからである。瑠璃堂については、あまりにも美しく古さを感じさせないその姿（写真参照）から江戸期の移築説に引きずられそうであるが、一つぐらい謎としてとっておきたいので判断を保留する。おそらくここで触れない大小の堂宇、多数の僧房、また日吉大社と坂本の焼失を合わせて想像すると、やはり焼亡は大規模であったと推理せざるを得ない。

3．比叡山焼き討ちをめぐる非難と賞賛

少ない延暦寺への同情と信長非難

信長の比叡山焼き討ちをめぐって、定めし延暦寺への同情と信長に対する非難が聞かれるかと思えば、後世、とくに江戸期以降、評価はまったくその逆であった。これは、どういう訳であろうか。『信長公記』の記事からもわかることであるが、

第一に、朝倉・浅井軍と信長軍のいずれに延暦寺が加担するかは、信長にとってはのっぴきならない軍事上の課題であった。信長は、味方になるか中立を保つか、事前に延暦寺に選択の機会を与え、味方をすれば、自国内の延暦寺の元寺領を返還することも約束していた。にもかかわらず、延暦寺はこれを拒否した。よって非は、信長の申し出への対応を誤った延暦寺の側にある、とするわかりやすい理非論が通用することになった。

第二は、信長によって非難されたように、当時の比叡山の僧侶の生活は、仏道を外れて堕落と腐敗の極みに達しているかのように思われていた。そのために、焼き討ちで被った被害は、世間の同情を買うよりも自業自得、自らが招いた神罰ではないかといった受け止め方が流布するに至った。信長は、非難されるどころか、かえってその英断が賞賛された。

非は延暦寺にあって信長の行為は賞賛されるべきだ、という見方をひろめた第一人者は新井白石である。白石は、『読史余論《とくしよろん》』（正徳二年〈一七一二〉）の中で強い語調で次のように書いている。

（元亀）二年、信長、叡山の僧、朝倉・浅井に同意せることを憤りて、九月山を焼いて、僧徒を鏖にす。安土記に、去年野田福島落城に及びしに、朝倉・浅井坂本口へ向ふ。京都に乱れ入らむ事を思ひ計りて、かしこをすてゝ引返し、朝倉・浅井と戦ふ時、今度山門の衆徒一味せば、我分国にある山門領元の如く還付すべし、されど出家の身として彼をすてゝ我に組し難くば、たゞ何れをも助くべからず、若此両條に違ひなば、根本中堂を始て、山王廿一社・僧房・経巻悉く焼はらふべしとありしかど、是に従はず。此年其言の如くに火を放ちしかば、僧徒等にげ走るを追いつめ追いつめ首をきる。此外、美女小童数を知らず生捕て、彼らは助け給ふべしといひしかど赦さず。数千の屍、山上山下にみつ。やがて坂本に城を構へ、明智に賜ふ。

按ずるに、中世より叡岳の僧徒兵仗を帯し、ややもすれば朝家を劫し奉る。代代の帝王・将相畏れて、彼が申旨に任せられしかば、其残害すこぶる佛氏の所為に非ず。然るに信長、其破戒無律を怒りて、終に其山を焼亡しぬ。其事は残忍なりと雖、永く叡僧の兇悪を除けり。是又、天下に功あることの一つなるべし。

こうした白石流の評価が江戸期の定説になっていたことは、膳所藩士寒川辰清が十八世紀に著した『近江輿地志略《おうみよちしりゃく》』を見てもうなずける。これも長いが、当時の認識をよく伝えているので、紹介しておこう。

誠に古昔は山門も繁昌せし程に、我慢放逸の衆徒もあって餘度嗷訴を企て、日吉の神輿を京師にふり奉る煩をなせり。後白河法王朕が心に任せざる者は賀茂川の水と山法師なりとの給ひしとかや。天子の詔とも覚えざる懦弱の義、此故にぞ清盛にせばめられ、頼朝に兵権を奪はれ、永く朝家の衰廃を引出し給へり。かくはいえども下として朝家の御事申奉るは甚恐有り、いかなるゆゑあるとも知らず。織田信長山僧の叨りに武威を奮い、動もすれば暴虐をなすを疾み、元亀二未歳九月十四（引用者注…十二？）日山門を焼亡す、精舎の衰微嘆ずべしといえども山僧の悪逆猛威を取り挫ぐは天下の大幸にして佛意に叶ふべきものにや、傳教それ傳教ならば泉下に眉を開くべし。

こうした延暦寺酷評の裏には、実は仏教に対する世評の激変ともいうべき時代背景があったのを見逃すわけにはいかない。徳川幕府は新しい儒教として登場した朱子学を幕府公認の学問とした。徳川治世下の儒学者は仏教を攻撃し「廃仏」論を唱えた。新井白石や林羅山は朱子学者としてその先頭に立つ人々であった。彼らが仏教を攻撃した理由は、僧侶たちが特権的地位にあって堕落しており、仏教は社会の役に立たない「穀潰し」の宗教だとするものであった。のちには国学者も加わり、江戸期を通じて激しい仏教排斥論の風潮が支配した（阿満利麿『日本人はなぜ無宗教なのか』）。

江戸期にはもう一つ、ある意味ではより根本的な社会意識の変化があった。それは、もはや武家が完全に支配する社会となって、武装することは武士のみに許され、僧侶や農民の武装はもってのほかとする意識が確立されたことである。農民の武装を認めれば、武士に刃向かう農民一揆を認めることになる。僧侶の武装を認めれば、武士に刃向かう僧兵を認めたことになる。武士道と仏道は峻別されなければならない。比叡山に同情することは、武士の自己否定につながることであった。中世史家の黒田俊雄は、「僧兵」という言葉は、江戸時代に、帯刀する特権を持つのは武士身分だけという「武士の独善的特権意識」と「仏教への排斥・蔑視の価値観」のなかで生まれたと指摘している（『寺社勢力―もう一つの中世社会―』）。そういうわけで、江戸期には、延暦寺に同情する声など出てきようがなかったのである。

比叡山焼き討ちの衝撃と余波

後世の評価はさておいて、同時代の人々が受けた衝撃は絶大であった。

朝廷・公家は「皇所の鬼門の鎮守」である比叡山延暦寺が消失したことに衝撃を受け、公家の山科言継は「仏法破滅」「王法いかがあるべきことか」と日記で嘆いた。武田信玄は、信長を「暴逆非道」と憤慨し、甲府の地に延暦寺を再建しようとした。

比叡山焼き討ちは、信長が初めてではない。それ以前の室町時代にも二回あった。初回と二回目は、将軍足利義教《あしかがよしのり》が実行している。ただ、延暦寺と日吉大社を地上から完全に抹殺したことは類例がなかった。しばしば桓武天皇によって建立された東大寺大仏殿の平重衡《たいらのかねひら》による焼き討ちに比肩されるが、古代からの日本の精神世界＝宗教界で最高の権威を有していた比叡山が焼失したのだから、それ以上の喪失感と恐怖感を全国にひろげたに相違ない。

ただし、京町衆の反応は冷淡であった。それは、焼き討ちの三十五年前の天文法華《てんぶんほっけ》の乱の記憶があったからではないかと思われる。延暦寺は、天文五年（一五三六）、近江六角氏と連合して京町衆が実現していた法華王国を破壊した。一万を超える命を奪い、消失被害の規模は応仁の乱を上回るほど大規模であった。こうした記憶が京町衆のあいだに残っていたとすれば、比叡山への同情と信長への非難は起こらなかっただろう。

さて、比叡山焼き討ちの余波と後世の歴史に与えた影響は、まことに大きかった。

第一に、軍事的余波として、頑強に信長に抵抗してきた石山本願寺が、天正八年（一五八〇）朝廷からの和議を受け入れるかたちで最終的に降伏した。これは、あとにも触れるが、比叡山焼き討ちが石山本願寺の戦意を挫く見せしめ効果があったからである。

第二に、それまでは戦国武将の一人にすぎなかった信長の存在をクローズアップさせ、彼の「天下布武」の意志を全国に鳴り響かせる機会となった。

第三に、比叡山の消滅は、なによりも新時代の支配者となろうとする武士階級に「古代的権威の克服、宗教的呪縛からの解放」（林屋辰三郎『天下一統』）をもたらすものであった。王法護持のための仏法として武力保持を正当化してきた寺院の理屈は、急速に廃れていった。戦国大名は、全国各地で寺社の武装解除、武力解体を公然とめざすようになる。

4．比叡山焼き討ち戦略をめぐる評価

廃墟から復興へ

焼亡した延暦寺は、復興をめざして苦難の道を歩まなければならなかった。生きのびた山門の僧侶あるいは各地の天台寺院の僧たちが、直ちに比叡山の堂宇の再建に取りかかろうとしたことは想像に難くない。

しかし、信長の存命中、そのことは不可能であった。信長の叡山潰しの執念深さは徹底したものであった。それを物語るものとして、「後代にもし当世の衆、天下を知るというとも、叡山を建立あるまじき段、おのおの起請文をささぐ」と、自分亡きあとも比叡山の復興願いを許可することはまかりならぬと家臣達に誓約書を出させたことが、寛永年間に成立した記録資料である『当代記』に載っている。

秀吉によって比叡山側への復興許可が下りたのは、焼亡から十三年後の天正十二年（一五八四）であった。その間、比叡山は廃墟のまま、完全に地上から消えた存在になっていた。寒川辰清『近江輿地志略』でも、『扶桑拾葉集尊朝親王記』のいうところとして「叡山の事廿とせ餘り此方退轉に及び、精舎佛閣の跡も鹿の臥處となり、岨傳ひの道はお

どろが下に埋もれはて、踏分くるたより無かりし」と記している。

比叡山に根本中堂や大講堂などの堂宇が再建されるのは、江戸期の寛永年間である。その過程では、天海大僧正の徳川幕府への働きかけが決定的に大きかったことがよく知られている。しかしながら、こうした堂宇の再建は、もはや比叡山に日本最高の宗教的権威たる地位の復活をもたらすものではなかった。朝廷の権威は衰退し、政治の場は江戸に移り、京都自体がもはや「皇都」「王城の府」とか、比叡山がそれを鎮護するという名分もなくなったのである。

大きかった比叡山焼き討ちの効果

歴史に「タラ」はないというが、仮説を立てることは自由である。

そこで、もし比叡山が信長の申し出に耳を傾け、味方をしないまでも中立を約束していたならば、あの焼き討ちは避けられたのではないか、と考えてみたい。というのは、比叡山焼き討ちの二年前、信長は、堺津が三好三人衆を応援した責任を追及し、中立を守らなければ堺南北を焼き払い、男女老若をなで切りにすると威嚇した。堺津は、今後は三好衆に協力しないことを誓約し首代二万貫を払って、信長の攻撃を回避した。構図としては比叡山の場合とよく似ている。信長にとって、敵対する戦国大名への与力を阻止することは直面する緊急かつ純然たる軍事問題であった。比叡山の判断には、信長のこうした問題認識と対応方法についてまったく無理解なところがあったと思われる。

もう一つの「タラ」は、日本の中世史学の大家であった林屋辰三郎氏が、その著『天下一統』の中で以下のようにのべている。

「天下布武」という感覚がもっとも鮮やかに記憶されるのはこの山門焼き討ちであろう。信長として、いちおう報復という目的は達したが、果たして戦略として満点であったかどうか。ここでもわたくしは、信長の最後の敵が石山本願寺であるとすると、山門焼き討ちはやや近視眼的であったと思われる。山門と一向一揆とがけっして妥協できない性格のものである以上、まず朝倉を倒すことによって当時の山門は自由に操縦できたのではないかと考えられるし、そうなれば本願寺対策としてはるかに信長には有利であったであろう。

そういう可能性はあったかも知れない。しかし歴史の流れからいえば、比叡山焼き討ちはその絶大な見せしめ効果によって、ついに石山本願寺の戦意を失わせ、顕如は講和を受け入れ石山から撤退した。林屋自身が『天下一統』の中で、「顕如の心には、比叡山焼き討ちの例を考え、また信長に叛した諸氏の末路にかんがみて、むしろ大阪開城によって法流を護持しえたという信念があった」とのべている。比叡山焼き討ちは、石山本願寺の降服、さらには一向一揆の平定につながっていく大きな戦略的な効果をあげたのである。

次に、信長の比叡山焼き討ち事件を検証して生じてくる疑問は、どうして中世の寺院はあのような武力を保持したかである。武力を担った僧兵の起源と役割に焦点を当てて、その問題を考えてみよう。

■参考文献

太田牛一（中川太古訳）『現代語訳　信長公記』上巻、新人物往来社、二〇〇六年
小瀬甫庵撰（神郡周校注）『信長記』現代思想社、上巻二〇〇九年、下巻一九八一年
堀新編『信長公記を読む』吉川弘文館、二〇〇九年
兼康保明「織田信長比叡山焼き討ちの考古学的再検討」『滋賀考古学論叢』第1集、一九八一年四月
兼康保明『考古学推理帖』大巧社、一九九六年
大津市教育委員会『坂本遺跡群発掘調査報告書』、二〇〇三年三月
武覚超『比叡山三塔諸堂沿革史』叡山学院、一九九三年
武覚超『比叡山諸堂史の研究』法蔵館、二〇〇八年
延暦寺執行局編纂『比叡山—その歴史と文化を訪ねて—』二〇〇一年改版
比叡山延暦寺『比叡山延暦寺　建造物総合調査報告書』二〇一三年三月

大津市歴史博物館市史編さん室『図説大津の歴史』上巻、一九九九年
村山修一『比叡山史—闘いと祈りの聖域—』東京美術、一九九四年
新井白石（村岡典嗣校訂）『読史余論』岩波文庫、一九九〇年
寒川辰清（宇野憲一編）『近江輿地志略』、弘文堂書店、一九七六年
黒田俊雄『寺社勢力—もう一つの中世社会—』岩波新書、一九八〇年
林屋辰三郎『天下一統』（中央文庫『日本の歴史』⑫）、一九七四年
阿満利麿『日本人はなぜ無宗教なのか』ちくま新書、一九九六年
杉谷義純『比叡山と天台のこころ』春秋社、二〇〇九年

第二章 中世寺院の武力

―僧兵とは何であったか―

朝河貫一博士が世界に紹介した僧兵

延暦寺、興福寺、東大寺、紀州の高野山や根来寺などが、中世に何千もの僧兵を擁していたことは、日本人なら学校で習うか本で読むことであって、驚くことではない。しかし、僧兵とは何者であったのか、不殺生を戒律とする僧が人を殺傷する武力をどういうわけで行使することになったのか、と聞かれてもほとんどの人は答えに窮する。われわれが持っている僧兵のイメージは、武蔵坊弁慶をはじめ、中世の軍記物や絵巻物、近代の小説などによって創出されてきた「悪僧」「悪党」のそれである。いわば、文学的世界で形成されたイメージにとらわれており、本当の姿はわかっていない。

歴史学者でエール大学教授であった朝河貫一《あさかわかんいち》は、一九三一年にフランスで発行された学術誌に「日本の社会経済史上における宗教の位置」なる一文を載せて、次のように問題を投げかけた。

十一世紀のもっとも驚くべき現象のひとつは京都や奈良の仏教大寺院が武装した集団を組織し、彼ら相互の内紛をおさめたり、封建領主権力や皇室権力へと自己の意思を押し通そうとしたことである。更にいっそう驚くべきことは、これらの集団は僧侶がそのメンバーであり、武器をもち戦いに参加したことである。彼らは僧兵と呼ばれた。これは京都や奈良のような日本の中央部の僧院だけの現象ではなかった。より小さなより遠隔地の多くの仏教寺院のみならず、神道の集団も、十一世紀および封建時代全体を通じて、多かれ少なかれ実質的な軍事力を所有していたのである。その集団はしばしば数千人にもたっして、朝廷や人々をおそれさせていた。これらの平和と慈悲の奉仕者たちが、如何にして自己の職業のもっとも基本的な原則を侵犯するにいたったのであろうか。

世界史上、教団・寺院が武力を有した例は多くある。有名なものとして、十字軍の一翼を担い今日にも地中海のロードス島やマルタ島に城壁遺跡を残している聖ヨハネ騎士団が目に浮かぶ。実は、日本に来ていた宣教師は、根来寺の僧兵集団のことを騎士修道会の騎士のようだと本国への通信で書いている。しかし、修道会の騎士は、修道士ではあっても正式な僧といえるものでなく、本職はれっきとした戦士であった。僧侶が武道に励む例として拳法でおなじみの中国の嵩山《すうざん》少林寺があるが、これは僧兵の育成ではなく僧の健康増進を目的としたものにすぎない。日本の僧兵には、朝河貫一が「十一世紀のもっとも驚くべき現象のひとつ」と世界に紹介したほど、日本独特のものがあったと考えなければならない。

日本の中世寺院は一体どのような事情のもとで武力を保持するに至ったのか、まずその確認作業を行ってみよう。その上で、僧兵は寺院社会の仕組みの中でいかなる存在であり、また彼らの武者としての実力はいかほどであったかを考えてみたい。

1．言葉の由来

まずはじめに、僧兵という言葉の由来に触れておこう。

「僧兵」という言葉が初見されるのは、江戸中期の正徳五年（一七一五）刊の『閑際筆記』とされる（黒田俊雄『寺社勢力―もう一つの中世社会―』）。さらに、江戸中期には、『大日本史』（徳川光圀によって編纂が開始され、本巻は早く出来上がっていたが、水戸藩が事業を継続し、明治になって最終完成）が、延暦寺の良源が悪僧を集めて武装させたのが僧兵の起こりであると書いた。

それ以前は、寺社によって違いがあったが、「山法師」「寺法師」「山徒」「堂衆」「衆徒」「行人」などといわれ、包括的な表現として使われていたのは「大衆《だいしゅ》」あるいは「衆徒《しゅと》」といった言葉であった。江戸初期に書かれた『信長公記』『信長記』、あるいは中期の荒井白石『読史余論《とくしよろん》』、寒川辰清『近江輿地志略《おうみよちしりゃく》』などには、僧兵という言葉は出てこないので、この言葉が普及したのは早くても十八世紀後半ではないかと思われる。

江戸期に「僧兵」という言葉が登場した背景には、儒学者や国学者によって盛んに仏教排斥論が唱えられたこと、武家が完全支配する社会となって武装は武士だけに認められるという職分意識が確立されたことがあった。剣を持つ武士道と経巻を持つ仏道は峻別されなければならなかった。すでに前章で紹介したように、中世史家の黒田俊雄は、武士身分だけが帯刀する特権を持つという「武士の独善的特権意識」と「仏教への排斥・蔑視の価値観」のなかで生まれた言葉であると指摘している。したがって、中世までの仏教の影響力が大きかった過去を、武家政権の立場から否定する象徴的な言葉がこの「僧兵」であったといってよい。

「僧兵」は、一般に「僧形の武者」などと定義されるが、僧の側面に力点を置くか、武者に力点を置くかでニュアンスは変わる。筆者は、彼らの本職は僧であったので、「武者形の僧」といったところが妥当だと考える。

2. 寺院武力の形成とその要因

寺院が武力を備えた要因は一つ、二つにしぼれるものではない。僧兵の発生から消滅まで、時代は平安から安土桃山にかけて七百年以上の歴史がある。寺院武力の形成はいくつもの要因が複合し、また時代による要因の濃淡があり、時系列にきちんとおさまるわけではない。

そのことを念頭に置いたうえで、寺院武力を要因的に調べる方法がある。寺院が武力を発向（発動の意味）することは、とりもなおさず武力の必要を意味すると考え、発向のケースを類型化する方法である。

武力発向の諸類型

黒田俊雄は、だれが寺院の抗争相手であったかによって、四つの類型をあげている。

①寺社勢力の発展を妨害する国司・院の近臣・武士など、世俗の勢力
②同一寺院内の門徒・堂塔または寺院間の対立
③同一寺院内の学侶（学生）・行人（堂衆）・聖など、身分階層間の対立
④新仏教、つまり正統的な顕密諸寺院の大衆からすれば異端派の退治

他方、黒田は、本来朝廷に対する訴訟を意味する強訴は発向と扱いを別にしている（黒田俊雄、前掲）。

氏による発向の類型化は、主に十一、十二世紀を対象としている。そこで、時期をもっとひろげると、次のような類型が考えられる。

［第一の類型］寺社の堂宇、寺宝に対する自衛武力の自然発生である。

八世紀に国家の保護を受けて建立された大和の官寺は、次々に堂宇を建設し仏像、経巻などの寺宝を蓄えていった。それに伴い、寺社内には武具を手にして防犯・警護に従事する雑人《ぞうにん》と呼ばれる下層の人々が増えた。こうした雑人たちが僧兵の最も初期の姿とみなされる。南都では、藤原氏の氏寺である興福寺およびその配下にあった春日大社では、十世紀には雑人だけでなく、「神人《じにん》」と呼ばれる下級神職たちが武装し、東大寺とのあいだで激しい抗争を繰りひろげるようになった。

比叡山でも、寺院内の防犯・警護と寺宝の保護などから自衛武力が自然に発達した。比叡山の僧は、「大衆」と呼ばれ、衆徒・堂衆、山徒の三階級に分かれていたが、このうち最下層の山徒が雑務や警備の仕事に携わっていた。比叡山で僧兵が組織的に動員されるようになったのは、十世紀末に比叡山が山上の延暦寺と山下の園城寺《おんじょうじ》（三井寺）に分裂して相争うようになってからといわれている。僧兵の中心をなしたのは、堂衆と山徒であった。

このように南都でも比叡山でも、寺社の堂宇や寺宝に対する自衛武力が起こり、寺社間の対立と抗争が、武力を本格的に発達させる契機となった。
［第二の類型］寺領である荘園が拡大し、その管理・防衛のために武力が必要とされたことである。

律令制崩壊後、平安時代には寄進によって寺院の荘園領地が広大となり、かつ広域化した。記録に残るところとして、興福寺は石高二万石以上、比叡山延暦寺は石高五万石以上、まさに封建領主に匹敵する大地主に成長した。その管理、地方からの年貢の運搬、さらには朝廷から任命された国司の押領を防ぐために、地方の末寺においても僧を武装させ、あるいは荘園内の農民に警護を委託した。寺田の管理と年貢の確保は寺院にとっていささかもゆるがせにできない問題であって、十世紀後半に起こった興福寺と東大寺の抗争は、わずか一反《たん》（約一万平方メートル）余りの寺田のことで死者が出る合戦が行われている。

中世史研究者のあいだには、このような律令制崩壊後に寺院が朝廷や新興の武士勢力とのあいだで領地紛争が発生したことを武力形成の基本的原因として重視する見解が見られる。そして、そこから武力保持は寺院が生き残るためにやむをえなかったとする現実主義的な「やむなし」論を導き出す議論が少なくない。筆者は、この要素を過小評価するものではないが、こうした経済還元主義的な理解が唯一の答になるとは思わない。そこには、僧兵の発生原因や役割を武士と同等視しようする安易なアナロジーが感じられ、宗教の世界に特徴的な非経済的かつ重要な要因が十分に説明できないからである。例えば、延暦寺と三井寺の三百年間に及ぶ熾烈な武力抗争は、経済的要因ではほとんど説明できないだろう。この点については、本論にとってとくに基本的な検討課題であるので、後の第六章で再び取り上げる。

［第三の類型］僧房が門流の拠点となり、寺院内で内紛が頻発したことである。

延暦寺では、堂宇・僧房が十六の谷々で集落を形成していたが、谷々のあいだでしばしば焼き討ち騒動が起こり、各谷は自らに属する大衆を攻撃や防衛に当たらせた。こうしたことが生じた背景には、僧房の在り様の変化があった。僧房とは、僧の居住空間やその建物のことである。古代の官寺においては、僧は伽藍の周囲に造られた僧房で生活していたが、九世紀ごろから私院、私房が増え、中心伽藍から距離を置く場所に僧房が造られるようになった。これは、僧房が、師匠と弟子によって継承（師資相承）される門流の拠点となり、しかも私財化され相続の対象となって独立性を強めたことを反映していた。これに、宗門の上級職の人事がからみ、しばしば寺院内の激しい内紛の原因にもなったので、僧房はそれぞれ自らの門流を守る武力を備えるようになった。「武力の単位として独立僧房が機能」するようになった、とも指摘されている（小野正敏・五味文彦・萩原三雄編『中世寺

院　暴力と景観』)。

[第四の類型]　朝廷強訴のために武力が必要だったことである。

後白河法皇が、強訴を繰り返す山法師を「天下三大不如意」の一つとして愚痴ったのは有名である。大寺院は、押領を働いた国司の解任と配流、寺社の別当・座主《ざす》といったトップ人事への一方的な介入の停止、対立関係にある他寺社に対する優遇措置(例えば、延暦寺の場合は三井寺による戒壇別立要求)の拒否などを朝廷に要求し、神輿や神木を担いで洛中・内裏になだれ込んだ。こうした強訴は、それを阻む朝廷や幕府の兵と衝突したから、寺院にとってそれに負けない武力を必要とした。

強訴には、伯耆《ほうき》(鳥取県)の大山寺《だいせんじ》から京の都への神輿振りといった驚くべき遠路のケースもあった。遠路からの神輿は容易ではないが、京の直上にある延暦寺からは頻繁に強訴が繰り返された。日本仏教史の大家であった辻善之助は、大著『日本仏教史』の中に「寺社大衆神人等嗷訴略年表」を掲げている。それによれば、天元四年(九八二)から天文十八年(一五五〇)までの五百六十八年間で、強訴は二百三十九度を数える。強訴が止んだのは、戦国時代十六世紀の半ば頃で、朝廷権力が衰えて強訴の意義が失われたことによる。寺社勢力は、代わりに、武家勢力と結んで権益を守ろうとするようになった(辻善之助『日本仏教史』第一巻上世篇)。

［第五の類型］　他宗派の排斥と弾圧のための武力である。

平安末期から王朝・貴族に奉仕する鎮護国家の仏教よりも、武士階級の精神的よりどころや一般庶民の救済をめざす新仏教が台頭し、鎌倉時代になると、浄土宗（法然）、浄土真宗（親鸞）、臨済宗（栄西）、曹洞宗（道元）、時宗（一遍）、法華宗（日蓮宗、日蓮）が影響力をひろげるようになった。旧仏教寺院は幕府と連携してこれらの新興宗派を排斥、弾圧した。新仏教派も、のちには一向一揆や石山本願寺のように信徒を巻き込んで大規模に武装して抵抗した。

日本の中世は、宗教戦争が激しかった時期である。戦国時代だけでも、天文元年（一五三二）日蓮宗徒が一向宗徒の拠点であった山科本願寺を焼き討ちにして追い払い、次には天文五年（一五三六）延暦寺が近江の大名六角定頼を誘って京の日蓮宗二十一寺院を焼き払い日蓮教団を壊滅させた「天文法華の乱」などがあった。また、百年以上にわたった一向一揆は、日本の中世末期を彩る大規模な宗教戦争であったと考えてよい。

［第六の類型］　軍事面での幕府・武家勢力との「与力」「合力」である。

平安時代から、幕府・武家勢力が寺社の僧兵武力を味方につけて利用しようとする傾向が見いだされるが、源平期になると、寺社は源平両家に対して軍事的に中立かそれともいずれかに味方するかを迫られるようになった。戦国期になると、しばしば幕府・武家勢力との「与力」「合力」が企てられ、大規模な合戦さえも展開されることとなった。天文五年（一五三六）の天文法華の乱は、延暦寺が仕掛けた六角氏との合力であった。元亀二年（一五七一）延暦寺が信長によって焼き討ちされた背景には、延暦寺の朝倉・浅井軍に対する与力があった。

以上のように、日本の古代・中世の寺院には、実に多くの武力保持を必要とする要因が存在した。そのために、寺院は自衛武力、攻撃武力のどちらにしろ、たえず自らの生存と権益を優先する現実的な武力主義に走らざるをえなかったのである。

3. 得度制度の緩みと僧房の変容

得度制度の緩みと僧質の劣化

僧侶になるためには、戒壇において受戒する得度という儀式を経なければならない。戒律を授けられそれを守ることのできる者だけが僧になることができる。しかし日本では、仏教普及の初期は、戒律や得度の制度が十分に整備されていなかった。しかも、僧侶は労役、納税、兵役が免除されていたので、それらを免れるために出家し、正式な得度を受けていない私度僧が多かった。そうした状況をなくすために律令国家は得度を国家の許可制とした。養老四年（七二〇）、僧尼令によって「年分度《ねんぶんど》」という大寺・宗派で毎年認められる得度の定員制度を施行し、同時に私得度を禁止した。また東大寺など特定の官寺に戒壇が設けられ、正式な資格を持つ僧侶になろうとする者はそこで受戒することが必須の条件となった。年分度者は原則十名であった。古代の僧侶は官職の身分であり、大きな官寺の僧は高級公務員であった。彼らは鎮護国家の理念と僧尼令のもとで厳格に管理され、朝廷・貴族の法会等のニーズに応えることが使命とされた。

しかし、年分度者の定員十人は少なすぎて、朝廷・貴族のニーズに応えられなかった。そのために、臨時度の僧が大量に認められた。奈良時代の元正天皇の代に三回・四百五十人、聖武天皇の代に十七回・一万五千百三十一人、孝謙天皇の代に四回・一千九百七人、称徳天皇の代に一回・一千人といった記録がある（日置英剛編著『僧兵の歴史』）。

諸寺院は、年分度者の割り当てを要求し、その結果年分度者の数は著しく増えた。こうした状況によって年分度者の定員管理は次第に有名無実化した。他方、平安時代には貴族の子弟の出家を寺院側が受け容れるといった、正式な得度のかたちではない例も見られるようになった。

十世紀以降、課役を免れるために頭を剃り、寺門に殺到して僧になろうとする庶民が数知れない状況となった。こうした状態が蔓延したことから、厳しい戒律や修学の緩みを招き、僧質の著しい低下を招くに至った。辻善之助は、「得度の制度が緩んで、僧侶になる手続きが容易になり、濫りに得度せられるようになった」「得度受戒の制度の紊乱により、濫りに僧籍に入る者多く、遂に僧兵の起こるべき基礎をなした」とのべている（辻善之助『日本仏教史』第一巻上世篇）。これは、辻善之助がのべている僧兵の起源に関するよく知られた説明である。辻は、僧兵の発生基盤を得度の制の緩みと僧質の低下に求めた。

十世紀以降、僧の目に余る狂態ぶりが世評にのぼるようになった。僧の大量生産と質の劣化のあげくもたらされたのは、寺院内における僧の種別化、すなわち学僧と非学僧を峻別し、堂衆・行人などの非学僧に武力の担い手としての役割をあてがうことである。十世紀後半になってそのことを断行したのは、天台座主の良源（慈恵《じえ》大師）である。良源は、「二十六箇条制式」を定め、その中で僧の武装や法会の妨害、山内での乱暴を厳しく戒めたが、他方、「修学に耐えざる愚鈍無才の僧侶を選び、武門一行の衆徒となす」とした。室町時代の『山家要記浅略《さんげようきせんりやく》』（応永六年〈一三九九〉）が良源の講釈として伝えるところであるが、これが、のちに良源が僧兵の創始者であるかのごとく見なされることになった（この件も、章をあらためて取り上げなければならない）。

僧の大量生産と質の劣化、それによる僧の種別化という動向は止むことはなかったが、見方を変えれば、寺院にとって、得度の制を緩めることは、僧兵武力の供給源を寺外から大量に確保する、ある種の必要悪のような意味合いがあったといってよいだろう。

僧房の変容と武力の周縁化

寺社武力の担い手は雑人から始まって下級僧、神人にひろがり、中世の中ごろにおいては堂衆、行人・神人などを主力とする集団となる。戦国期には、僧房が近隣の国人や土豪と結んで武力を形成するようになった。こうした寺院武力の構成の変容を促した要因として無視できないのは、すでに触れた、僧の生活の場である僧房の場所や機能の変化であった（小野正敏・五味文彦・萩原三雄編『中世寺院　暴力と景観』）。

そのなかで、特徴的であったのは「里坊」と呼ばれる僧房が山下に発達した延暦寺である。山下の日吉《ひえ》社の門前町である坂本に多くの僧房がつくられたが、山上の人口の過密化にともない、僧の日常生活と通勤の場として里坊が整備された。それとともに、山下の僧俗混合が進み、国人や信徒衆など周縁の人々が寺院武力に加わるようになった。信長の焼き討ち当時、僧兵の姿は山上に影うすく、武力の実体は里坊に住む僧たちと国人、信徒衆であったと思われる。それゆえに、信長の比叡山焼き討ちは、武力破壊という意味では、坂本の里坊と国人・信徒たちの町家に狙いを定めていたと推測される。妻帯の僧はすべて里坊に住んでいたので、比叡山焼き討ちの際に老人や女子供が多数殺されたのはその所為ともいわれている。

4．寺院社会の仕組みと身分的秩序

寺院社会の仕組みと和合の精神

中世の寺院社会を覗こうとすると、誰の目線かが問われる。

朝廷・公家勢力や武家勢力の目線で見ると、寺院は「悪僧」あるいは「不如意」の輩の住むところである。戦前戦後の研究、あるいは遡って軍記物や江戸期の歴史書においては、武家目線や公家目線によるものが多かった。そうした目線の転換をはかったのは黒田俊雄であった。氏は、目線を武家勢力から寺社へと移し、また寺院の社会生活史への関心を喚起し、「寺社勢力」を公家・武士勢力と並ぶ中世国家の権門体制の三大構成物の一つとして把握すべきことを提起した（『寺社勢力』前掲）。以後、こうした「寺社勢力」の具体的研究が活発となり、寺社内部の管理統制の仕組み、さまざまな業務を担う人々として大衆や神人、聖《ひじり》、公人などの実相が明らかにされるようになってきた。

近年、日本の中世社会の特質の研究は、「寺社勢力」をキーワードにして展開されているといってよいが、「権力」といわずに、なぜ「勢力」というのか。それは、日本の寺社の僧侶集団は明確な組織を持っておらず、ローマ法王のような巨大組織を統率する最高指導者がいない、一つ一つの寺社でさえ内実はばらばら、「統一されざる巨大……権力？それで寺社勢力と呼ぶ」と伊藤正敏氏はのべている（『寺社勢力の中世―無縁・有縁・移民』ちくま新書）。

中世寺院社会の内部をそうした目線から見ると、いくつかの特徴が把握される。

第一に、寺院業務の増大とともに、管理統制の機構が発達したことである。いかなる人間集団も、共同の生活手段や生産手段を管理し、業務を分担し、意志決定や統一した行動を確保するためには規則、規律を定め、管理統制の機能を担う機構を持つ必要がある。寺院内では、ピラミッドをなす管理統制機構の最上位に別当・座主・検校・長者などと称された職があり、その下に組織管理の職として三綱《さんごう》（上座・寺主・都維那《ついな》）があり、さらにその下に事務局として政所や公文所などの役所があった。延暦寺の天台座主、別当の任命権は朝廷にあったが、延暦寺では大衆の推薦によることを慣行としていた。しかし、この慣行をしばしば朝廷が無視したので、対立することが少なくなかった。管理職の人事は、延暦寺では門流を形成している谷々のあいだの勢力争いの種であった。

第二に、寺院全体の利害に関わる重要事項は、延暦寺では大衆のすべてが参加する集会で討議され決定された。かなり徹底した「大衆の自治」が存在していたといってよい。

興福寺でも、大衆の詮議が行われたが、全員集会がとくに重視されたのは延暦寺であった。絵巻物にも描かれている「三塔詮議《さんとうせんぎ》」といわれる集会は、大講堂の前庭に東、西、横川の三塔の衆徒三千人が集まって開かれた。

三塔詮議がなされるのは、比叡山にとって国家鎮護の基本使命に関わるとみなされる事項、戒壇設置や寺領の防衛といった重要な既得権にかかわる事項で、神輿を振る強訴を行うかどうか、あるいは山門挙げての軍事行動を起こすか否かを決定することが主な課題であった。寺領や末寺を侵犯した国司・目代《もくだい》の断罪を朝廷に要求したり、また、朝廷が慣行を無視して意に沿わない別当・座主の任命を行った場合にそれを拒否したり強訴を決めたりした。また、三井寺への焼き討ち、天皇・法王や武家の大将が比叡山の武力を味方につけようと助力を求めてきた場合、あるいは源平の対決が激しくなった時期にはどちらに味方するかといったことも三塔詮議で決めている。

詮議の場では、大衆は自由に発言でき、賛同のときは「もっとも、もっとも」、異議ありのときは「謂われなし」と声を発し、議論は長時間に及んだ。『平家物語』には「三塔一の詮議者」といった人物が出てくるので、僧の中には、有能なアジテーターが結構いたに違いない。また、大衆の老僧たちによる評議で重要事項が決められることがあった（「三塔詮議」の様子については70ページ参照）。

第三に、寺社の世界は精神的結合の世界であり、構成員のあいだを支配するのは、世俗的な価値観を捨てて仏法を護持する精神で結ばれた連帯心である。すなわちインド仏教以来の仏の弟子たちである僧集団「サンガ」における和合の精神である。寺院には職分と身分に違いのある僧たちがいたが、仏法護持を同じくする限り精神的一体性に満ちていた。それは、朝廷を奉る公家たちのあいだの貴種の権威に根ざす関係でもなければ武家の忠臣孝子の関係でもない、仏法僧の世界に特有のアイデンティティである。

ただし、信仰をベースにした和合の精神はあまり過大評価しない方がよいかも知れない。寺院が得度の制度を緩めて寺外からの流入者を受け入れて荘園管理や武力の要員にしたこと、流入者たちもそれによって生活苦から逃れられたことから、「両者の関係は、大地主である寺院の利益の擁護であり、さらにその主張を貫徹し、拡張するために働いたのである。この集団と寺院とを結びつけていた要素は、信仰も若干あるかもしれないが、主として経済生活上の共通した利害関係である」（日置英剛編著『僧兵の歴史』）という指摘がある。

もう一つ、古代の奈良寺院には、最下層として相当数の奴婢がいたことが知られている。法隆寺三百八十五人、法興寺六百六十二人、四天王寺二百七十三人、東大寺三百ないし四百人といった数字があげられる。彼らは、寺院内での重要な勤労階級であったが、奴隷身分であったから、和合の精神に包摂されない人々であった（日置英剛編著、同上）。

第四に、中世寺院は、一方では、天皇や有力貴族の子弟を受け入れて別当や座主、院主の座を保証する場になっていった。他方では、江戸期の「駆け込み寺」以上に、貧窮にあえぐ人々が課役逃れや生活苦から這い上がろうとして押し寄せてくる「無縁所」のような場であった（伊藤正敏『寺社勢力の中世』）。

彼らを受け入れたために僧の得度の基準が緩み、僧質が低下したことはすでに触れた。寺社の構成員が増大し多様化するにつれて、学僧と非学僧の区別を基本にして上級と下級の固定的な身分的秩序が形成された。この身分的秩序は寺院内の矛盾と対立、ついには武力抗争まで生み出すことになった。寺院内の身分的秩序の強まりは、いくら信仰をベースにした和合の精神があるといっても、しばしば構成員のアイデンティティを弱める原因の一つとならざるをえなかった。

さらに、別のところからも問題がひろがってきた。それは、仏法の精神世界とは異質な社会原理と世俗的価値観を持つ経済基盤が拡大していったことである。堂衆の中には、地方から運ばれた他寺の年貢を略奪し、日吉大社の神人は寺領から上がってくる年貢をもとに出挙《すいこ》（貸付け）で利をむさぼり、坂本や京では土倉を営む者も出てきた。京の土倉三百軒のうちの八割が比叡山に属していたといわれている。酒屋、米屋、油屋なども比叡山に運上金を納めていた。こうしたことが、「悪僧」に高利貸しといった新たなイメージを付け加えることにもなった。

最後に、比叡山には僧兵を訓練し編成する軍事組織のような体制は存在したであろうか。比叡山の軍奉行の役職にあった道場坊祐覚という、『太平記』にその活躍が描かれた実在の人物が知られているので、戦時の体制としてはあったかも知れない。伊藤正敏氏は、「叡山はただの武装集団ではなく、戦場において僧たちの手柄を記録し報告し審査し論功行賞を行う軍奉行という役職を備えた武士団とよく似た一面を持っていた」（伊藤正敏、前掲）とのべている。しかし、山内での武器の管理や下級僧の武力訓練は谷々の僧房に任されていたと思われ、比叡山全体にわたる統制管理機構の一つとして軍奉行が常置されていたかどうかは不明である。

コラム

三塔詮議の模様

三塔の僧たちに非常招集のかかる場面を、吉川英治の『新・平家物語』から紹介する。

三塔十六谷に住む叡山《えいざん》の法師たちは、まだ勤行《ごんぎょう》にもつかない、未朝の夢を、ふいに、醒《さ》まされた。

「大講堂の鐘がなるぞぅっ。……大講堂にあつまれいっ……」

たれかは知れぬが、どこかで、雲を呼ぶように、どなっている。

――ごうん、ゴウうん、ごうウウん……。

鳴りやまない鐘の音を耳にしながら、法師たちは、下に、鎧《よろい》を着こみ、上に法衣をまとい、太刀《たち》を帯び、薙刀《なぎなた》をもち――老師の場合は、竹の入堂杖《にゅうどうじょう》をつき――われ先にと、谷々から、雲のわくように、登っていく。

（吉川英治『新・平家物語』㈠、新潮文庫、二〇一四年）

この一節は、延暦寺の大講堂のわきの立て札に、「国を揺り動かした、僧兵たちの誇りが息づく」と題して紹介されている。大講堂の鐘の乱打とともに大衆たちが大講堂に集合していく様を彷彿とさせる。

次は、『平家物語』巻一の「神輿の振り捨て」事件を受けての緊迫した詮議の光景である。

まず事件の経過を説明する。安和三年（一一七七）四月、延暦寺大衆数千が神輿振りを実行した（白山神社と親子関係にあった延暦寺は、前年に白山神社に押し込みを働いた国司加賀守藤原師高の流罪と目代藤原師経の禁獄を要求した）。平重盛（清盛の子）が三千の兵を率いて大内裏の門を固め、衆徒はさんざんに射立てられた。神官宮司も殺され、神輿にもたくさんの矢が突き刺さった。神輿に矢が立ったのはこれが初めてであった。敗北した衆徒は、神輿を河原に放置し、比叡山に撤退した。

延暦寺山上では、衆徒が集会を開いた。討論の結論は、「講堂と根本中堂《こんぽんちゅうどう》とあらゆる堂舎と、一つ残らず焼き払ってしまい、われら一同、山野に身をひそめようぞ」というもので、「鎮護国家の祈禱《きとう》をいっさい止《や》めてしまい、朝廷に一大打撃を与えんと図った」のである（ともに古川日出男訳『平家物語』による）。この決意が洛中に伝わると、後白河法皇は妥協案を用意し、平時忠（平清盛義兄）を使者として比叡山に遣わした。

詮議の場と平時忠が登場するシーンを前掲書から引用する。

　比叡山の大講堂の庭には三塔すなわち止観院《しかんいん》の東塔《とうとう》、宝幢院《ほうとういん》の西塔《さいとう》、楞厳院《りょうごんいん》の横《よ》川《かわ》のその全部の衆徒が寄り集まりまして、さあ《ママ》登ってきた鎮撫の使いの首席を捕らえて押さえつけます。それから次々論じ立てるのです。

「こいつの偉ぶった冠《かんむり》をうち落とせ」

「その身を縛りあげて、湖に沈めろ」

　このような乱暴な申しぶり。実際にその乱暴さを践《ふ》み行わんとしているようだった寸刻前、しかし時忠卿のお言葉がありました。

「しばし鎮まっていただきたい。私は、ここなる衆徒の方々に申し入れたいことがある」

　それから束帯のその懐中より、小硯《こすずり》を出すのです。畳んだ紙も取り出すのです。その懐ろ紙《ふところがみ》に時忠卿は一筆書きまして、衆徒の中へ渡されるのです。なんと書いてあったのか。披《ひら》いてみますと、こうです。

　衆徒が狼藉《ろうぜき》の挙に出るのは魔縁《まえん》の所行である。

　天皇がお止めになるのはこれ仏の加護である。

この対《つい》の一句。

それが効きました。（中略）衆徒たちは全員「もっともだ、もっともだ」と同意して南谷や東谷や北谷、黒谷、都率《とそつ》谷や解脱《げだつ》谷といった三塔の谷々に帰り、おのおのの僧房に戻ったのです。

いやはや、まことにご立派です。ええ、時忠卿は。一枚の紙とそこにしたためた一句とをもって、比叡山の三塔三千人の怒りを鎮め、公私の恥を受けずにすまされたとあっては。それにまた、世の人々は山門の衆徒に対しても感じ入りました。なにしろ神輿を担ぎ出して都に騒々しく押しかけるばかりの連中だと思っておりましたら、道理はちゃんとわきまえていたのですから。

（古川日出男訳『平家物語』日本文学全集09、河出書房新社、二〇一六年）

5. 僧兵の武装と戦闘力

刀槍の足軽なみ

僧兵たちの戦闘能力は実際にどの程度のものであったのか。彼らの武者としての実質に目を向けてみよう。

この評価は容易ではない。僧兵の姿は、古今の絵を見ると、服飾の厳めしさに比して武装は貧弱である。武具といえば、基本は薙刀と太刀だけで、「武者の表道具」といわれる弓矢を装備している者は数少なかったと思われる。寺院内では馬を飼うことは禁じられていたから、騎馬の僧兵の可能性はない。防具では、甲冑はどうであろうか。兜は頭巾に覆われていたように見え、鎧の着装も見かけるが、着装はリーダー格の僧に限られていたであろう。楯は見かけない。僧兵イメージの代表格といってよい弁慶には、軍記物で伝えられる「七つ道具」（鐡熊手、大槌、大鋸、鉞《まさかり》、つく棒、さすまた、もじり）の話がある。しかし、重量何十キロにもなるそれらを束ねて背負って戦闘などできるはずもない。僧兵の装備は、リーダー格を除けば、だいたいにおいて腰に刀を帯びた戦国期の槍持ち足軽なみといえばよいであろう。

『平家物語』や『太平記』などの軍記物になると、僧兵の武装は武士に劣らぬものがあらわれ、華々しい武勇が描かれるようになる。

『平家物語』には四の巻、宇治川「橋合戦」の段で、三井寺の堂衆のひとり、筒井の浄《じょう》妙明秀《みょうめいしゅう》という僧兵が登場する。

これが、次いで進み出る。褐《かち》の直垂に黒革縅の鎧を着て、錏《しころ》が五枚の兜をかぶり、黒漆《くろうるし》の太刀《たち》をさし、黒ぼろの矢を二十四本さした箙《えびら》を腰につけ、塗籠籐《ぬりごめどう》の弓に当人好みの白柄《しらえ》の大長刀を持ち添えて、宇治橋の上に進み出たのでした。そして大音声《だいおんじょう》をあげて、名乗った！

（古川日出男訳『平家物語』日本文学全集09、河出書房新社、二〇一六年）

彼は、弓で十二人を射殺、十一人を負傷させ、刀で八人を斬り伏せ、自らは鎧に六十三本の矢が突き立ったが、命にかかわるほどではなく、「南無阿弥陀仏」と念仏を唱えて奈良に落ち延びていったという。

また、『平家物語』五の巻の、平重衡が興福寺を攻め東大寺を全焼させた「奈良炎上」の段では、坂四郎永覚《さかのしろうようかく》という悪僧のことについてこうある。

なにしろ太刀を扱っても弓矢を射ても、もちろん力の強さにおいても、七大寺、いや十五大寺にぬきんでた傑物。萌黄《もえぎ》威《おどし》の腹巻の上に黒糸威《くろいとおどし》の鎧を重ねて着、帽子《ぼうし》兜《かぶと》の上に五枚兜を重ねて緒を締め、左右の手には茅《ちがや》の葉のように刃《やいば》が細長く反り返った白柄《しらえ》の大長刀《おおなぎなた》と黒漆《くろうるし》の大太刀《おおだち》を持ち、同じ僧房に寝起きする修行仲間十余人を前後に立てて、碾磑門《てんがいもん》から打って出たのでした。（古川日出男訳、前掲書）

中には、このように武士と同等かそれ以上のいでたちで大活躍した僧兵もいたようである。

だが、興福寺を攻めた平重衡軍と興福寺の大衆たちの戦闘では、平重衡軍はあっという間に勝利し、鬨《とき》の声をあげた。興福寺方では、僧兵が刀剣を武器とした歩兵であるのに対して、平家軍は馬上から弓矢を射かける騎兵であった。平家軍に押し寄せられ、興福寺方はそこかしこと逃げ回り平家軍に追いかけられては馬上より矢を射られ、ただひたすら防戦一方で、なす術もなく無数の兵が討ち取られた、という次第であった。

高下駄では武者失格

僧兵の姿をみてこれはダメだと直感させられるのは、彼らの高下駄スタイルである。僧兵が足駄《あしだ》（高下駄）を履いていたのは、寺院内で僧侶が足駄を日常生活に用いていたことから別に不思議ではないとしても、武者としての戦闘を考えると、雨降り、泥よけ用ともいえる高下駄を履いている絵姿はどうも解せない。第一に、戦闘時に素早い動きができない。第二に、高下駄では長距離の移動、山野を疾駆するといったことは不可能に近い。おまけに、下駄は鼻緒がきれたり、歯が簡単に折れたり溝から外れたりする。平下駄でも、やはり様にならない。

絵巻物や絵伝、図屏風を調べてみたが、草履履きの僧兵の姿が本書のカバーにあしらった『山法師強訴図屏風』（琵琶湖文化館蔵）のほか、『東大寺大仏縁起』、『石山寺縁起』（石山寺蔵）に描かれているが、『天狗草紙』延暦寺の巻（東京国立博物館蔵）、『一遍上人絵詞伝』（東京国立博物館蔵）、『法然上人絵伝』（知恩院蔵）では、高下駄履きが見られる。

僧兵が高下駄を履いたのは、背丈を高く見せ、足音を大きく鳴らし、周囲を威嚇する効果を高めるためであったのだろうと想像がつく。しかし、高下駄がお似合いなのは、やはりお公家衆である。実戦では、多くの場合草履履きであったと考えざるを得ない。

個々の僧兵の中には武士に負けない武術や弁慶のような剛力を持った者が結構いたであろうが、軍事集団としてはどうであったか。対手が武士の場合だと、少人数の小競り合いはできても、本格的な集団戦闘となるとたいていの場合苦戦、敗北は免れなかったであろう。『平家物語』では、先に紹介した有名な「神輿の振り捨て」の話があるが、これが武士との実力の差を如実に示している。先の、平重衡軍と興福寺の大衆たちの戦闘にしてもそうである。

寺院の防衛体制はどうであったか。要所に逆茂木をめぐらした砦を設けていたことは軍記物に記されている。比叡山については、武士たちは山岳戦に不慣れであったので、攻撃を控えた様子がうかがえる。戦国末期になると、石山本願寺のように本格的な城をもち、何千丁もの鉄砲を揃える一揆勢力が登場した。紀州根来寺は、鉄砲を生産し強力な鉄砲隊を組織し、あなどれない存在であった。それでも秀吉に本格的に攻め込まれると、あっけなく蹴散らされ、焼き払われた。

朝廷・公家勢力が僧兵を恐れたのは、僧兵が担いでいた神輿や神木に宿る神威であった。一体、神輿が京にやってくるとどんなふうであったのか。「神輿入洛の際には、天皇みずから庭上に下りて遙拝され、公卿百官もこれに従うという次第」「命をうけて鎮圧に向かう武士ですら、神輿に対しては冑を脱ぎ、弓を伏せて拝するという有様」であったと指摘されている（日置英剛編著、前掲）。

武家勢力にも神仏による天罰をおそれる傾向があったとはいえ、公家勢力ほどではなかった。武家勢力は、室町さらに戦国時代ともなると、実戦を前にして宗教的権威や僧兵

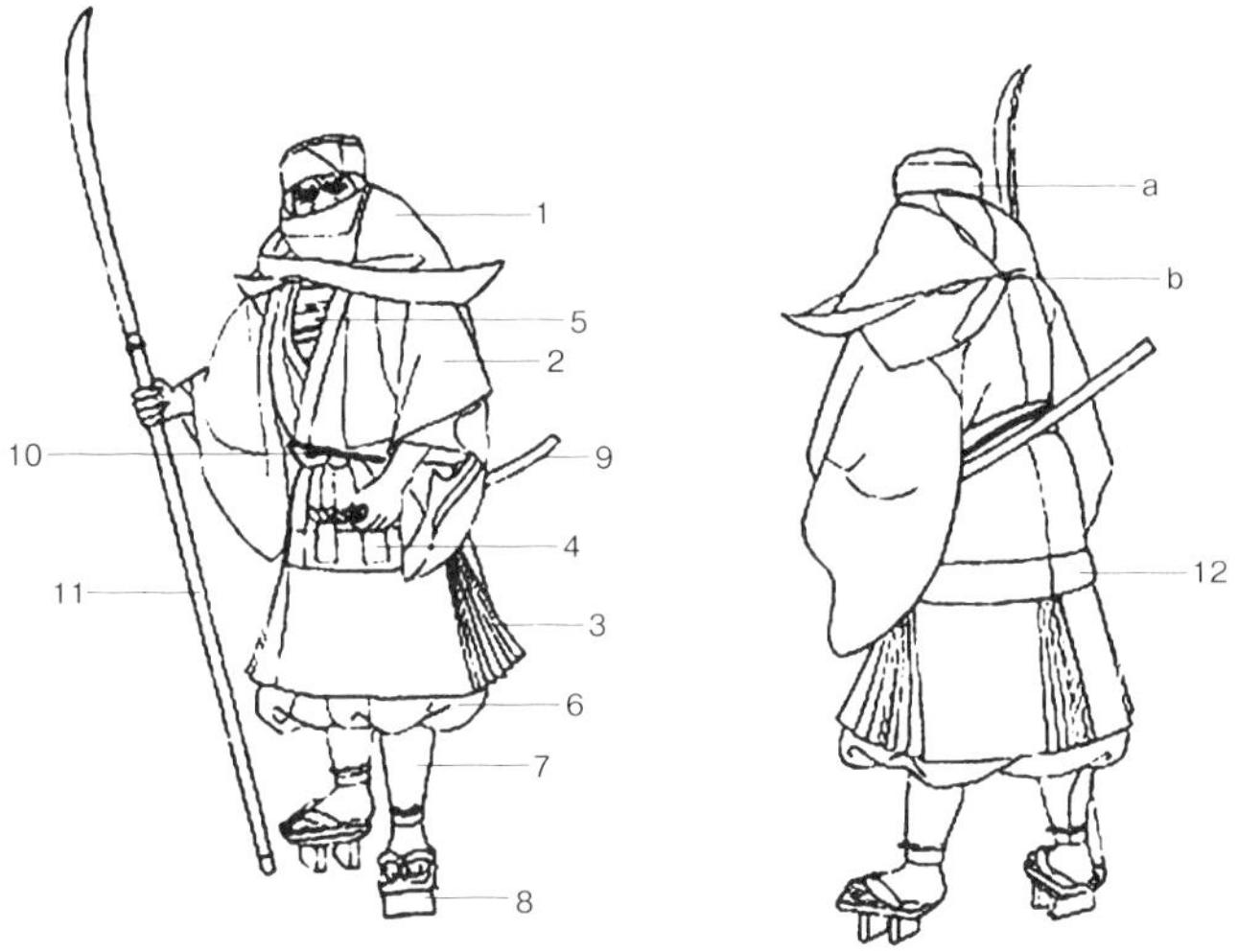

1　裹《か[くわ]とう》頭の袈裟《けさ》

a　袈裟の威儀《いぎ》

b　袈裟の小威儀《こいぎ》

2　裳付衣《もつけころも》［半素絹《はんそけん》］［全体］

3　裳付衣の襴《らん》

4　石帯《せきたい》［当帯《あておび》］

5　下腹巻《したはらまき》

6　括袴《くくりはかま》

7　脛巾《はばき》

8　足駄《あしだ》［覆］

9　革包《かわづつみ》の太刀

10　太刀の緒《お》

11　薙刀《なぎなた》

12　裳付衣の雨覆《あまおおい》

僧兵のスタイル
(出所) 風俗博物館ウェブサイト　日本服飾史「裹頭をつけた僧兵」

に怯むことはほとんどなくなり、寺社に戦勝祈願を行っても、神頼みで軍事上の戦略・戦術を変更するといったこともなくなった。初期戦国大名の典型とされる朝倉孝景などは、家訓「孝景十七箇条」の中で「合戦には、吉日方角などを考えるな」と諭していた（脇田晴子『大系日本の歴史7　戦国大名』）。江戸初期の剣豪宮本武蔵の有名な言葉に「神仏を尊び神仏に頼らず」があるが、これが武士階級の新しい宗教スタンスをよく示している。

6. 寺院武力の消滅と宗軍分離

武力を持つことは、大きなリスクとジレンマを抱えることである。朝廷・幕府、源平両家や戦国大名から攻められないためには、朝廷、源平のいずれかあるいは縁故の大名に与力するか、完全中立を装うか、あるいは自ら僧兵を解体し非武装化するという選択肢があった。しかし、武力放棄は、寺領を横領される現実、また寺院間の抗争や新興宗教勢力との戦争に敗北する恐れがあった。そして、歴史の示すように、僧兵を抱えた寺院の多くは、中立や非武装化の道を選択しえなかった。そのことが結局、比叡山に限らず、「山門を亡ぼす者は山門なり」（小瀬甫庵『信長記』）という結末に至るのである。

中世寺院の最盛期は平安時代で、鎌倉・室町期を通じて勢いは下向きとなり、応仁の乱で黄昏れを迎えたとみなされている。僧兵たちの盛衰もそれに合わせたものであったが、しかし大寺院は、戦国末期においても、なおしぶとく武力を保持する姿勢を保ち、新仏教の信徒たちは一向一揆、法華一揆など武家勢力への武力抵抗を繰り広げた。そうした状況に対して、戦国大名は、寺院が武装すること、大名との武力連合を行うこと、宗教戦争や一揆を起こすことなどに対して、その可能性を根絶やしする方法をめざすようになった。一揆防止のための最終的方法として展開されたのは刀狩り政策であるが、とくに寺院に武力を持たせないための政策を、「宗軍分離」政策と呼んでおこう。

寺社から僧兵の姿が消えるのは、戦国大名によって次々に滅ぼされたからである。戦国時代になると各地の武士勢力が圧倒的な武力をもつようになり、もはや寺社の僧兵が立ち向かえる状況ではなくなっていた。

比叡山延暦寺は元亀二年（一五七一）の信長による焼き討ちで山下の日吉大社ともども灰燼に帰し、二度と武力を復興することはありえなかった。石山本願寺は十年に及ぶ信長との合戦を繰り広げたが、天正八年（一五八〇）朝廷の和解勧告を受け入れて武装の自主解除と撤退、直後の堂宇の全焼という末路をたどった。高野山は天正十三年（一五八五）六月秀吉によって武装放棄を確約させられた。室町時代には所領十八万石、五百の僧坊が建ちならんだといわれる下野国の日光山輪王寺は、多数の僧兵を抱えた大勢力であったが、天正十八年（一五九〇）に秀吉の小田原攻めの際に弾圧され寺領を没収された。延暦寺末寺の白山平泉寺は、最盛期には八千人といわれる僧兵（この数字は大きすぎるので、宗教都市としての人口であったと推測する）を抱えて越前に勢力を張っていたが、天正二年（一五七四）に一向一揆との抗争で全山が焼失した。鳥取の大山寺は、かつて南北朝の時代には僧兵三千を擁しその勇猛さで名声を馳せたが、戦国期末に兵火にあい急速に衰退した。

以上のように、それぞれ敗北し、寺領を失い、永久に軍事力を喪失した。その締めくくりとなったのが、天正十三年（一五八五）の秀吉の紀州征伐と「根来攻め」であった。根来寺は、室町末期には房舎四百五十、寺領七十二万石といわれ、鉄砲集団を中核とする一万余の僧兵と国人衆を擁していたが、秀吉に十万の大軍で攻撃をかけられ焼き討ちされ、完敗した。

寺社の武力を根絶やしにするだけでなく、とくに一揆を防止するためには、先に触れたように、末端に及ぶ信徒衆、農民の完全な非武装、非武力化が必要であった。それが具体的に展開されるのは、天正十六年（一五八八）七月に秀吉が発した「刀狩令」である。この刀狩りの徹底によって、日本史上における宗軍分離は完成される。宗軍分離によって、日本社会は古代・中世に別れを告げ、近世の幕が開かれるのである。

次章では、引き続き、「悪僧」といわれてきた僧兵のイメージを追ってみよう。

■参考文献

古川日出男訳『平家物語』日本文学全集09、河出書房新社、二〇一六年
小瀬甫庵撰（神郡周校注）『信長記上』現代思潮社、一九八一年
辻善之助『日本仏教史』全十巻、岩波書店、一九六九～一九七〇年改版
朝河貫一「日本の社会経済史上における宗教の位置」（「社会経済史年報」一九三一年、パリ）、原輝史訳、
『早稲田商学』一九九三年七月
黒田俊雄『寺社勢力―もう一つの中世社会―』岩波新書、一九八〇年
日置昌一『日本僧兵研究』国書刊行会、一九七二年
日置英剛編著『僧兵の歴史』戎光祥出版、二〇〇三年
村山修一『比叡山史』東京美術、一九九四年
渡辺守順『僧兵盛衰記』三省堂選書、一九八四年
川上一彦『平安僧兵奮戦記』総合出版社歴研、二〇〇八年
鈴木眞哉『謎とき日本合戦史』講談社現代新書、二〇〇一年
伊藤正敏『寺社勢力の中世―無縁・有縁・移民―』ちくま新書、二〇〇八年
小野正敏・五味文彦・萩原三雄編『中世寺院　暴力と景観』、高志書院、二〇〇七年
吉田伸之編『寺社をささえる人びと』吉川弘文館、二〇〇七年
今谷明『天文法華一揆―武装する町衆―』洋泉社新書、二〇〇九年
宮田幸一「日本仏教と平和主義の諸問題」『創価大学人文論集』第十六号、二〇〇四年
脇田晴子『大系日本の歴史7　戦国大名』、小学館、一九八八年

第三章　僧兵のイメージを見直す

悪僧イメージの拡大と固定化

寺院武力を担った僧たちが「悪僧」呼ばわりされるようになったのはいつごろからであろうか。その目に余る堕落と乱暴ぶりが注目されるようになったのは、国家の律令体制が崩壊し、寺院が荘園領地の維持と拡大に乗り出した平安時代の中ごろからである。悪僧批判の初期史料としてよく取り上げられるのは、平安時代中期の漢学者三善清行『意見封事十二箇条』である。彼は、延喜十四年（九一四）醍醐天皇に意見書を提出し、その中で課役を免れるために頭をまるめる者が天下の民の三分の二にもなっているとし、その取り締まりを訴えた。

彼らの乱暴は、平安後期の院政時代（白川・鳥羽・後白河の三代）にとくに猖獗《しょうけつ》を極めた。後白河法皇は、僧兵を「天下三大不如意」の一つにあげて困惑を表明した。しかし、鎌倉時代に成立した『平気物語』では、彼らは「悪僧」呼ばわりされながら、仏法護持のために身命をなげうって武勇をふるう姿が描かれていた。

それが、「僧兵＝凶悪」論にまでエスカレートしたのは、なんといっても江戸時代である。江戸期には、仏教の堕落と排斥が徹底して喧伝された。「僧兵」という言葉も江戸の半ばになって登場した。江戸期の史書や軍記物には、護法のために武勇をふるう僧兵の話はまったくといってよいほど出てこない。僧兵の時代が終わっていたので当たり前かも知れないが、江戸期には武装し武勇をふるってよいのは武士だけだったからである。いまさら武装した僧侶のことをほめるなどはもってのほかであった。弁慶の活躍が江戸時代の歌舞伎「勧進帳」でとりあげられたのは、護法の僧兵としてではなく、武士階級への忠臣というかたちにおいてであった。

明治期になると、国民皆兵のもとで、僧侶も一兵卒となって敵の殺戮も厭わない武勇が求められる時代となった。さらに、昭和の時代になると、軍国主義の風潮のもとで僧兵の武者的活躍や弁慶を忠臣扱いする文人たちの筆によって美化され、弁慶などは伝説的な英雄にまでイメージをふくらまされた。このように、僧兵は時代によって良いようにも悪いようにも描かれ、その結果、現代のわれわれは判然としない僧兵イメージを抱いたままなのである。

ここでは、「僧兵＝悪僧」のレッテルを貼られた中世寺院の僧たちの行為について、あれこれ具体的に挙げて、それらの当否を調べ、筆者なりの僧兵イメージに迫ってみたい。

1．飲酒生食・妻帯・殺生・放火・高利貸　―世間一般の非難―

辻善之助『日本仏教史』による寺院僧侶の腐敗堕落批判

明治に入って中世仏教史の研究が本格的に始まり、「悪僧」についてもその実態の把握が試みられるようになった。しかし、明治時代は、江戸時代における仏教の堕落批判の風潮を引き摺っており、悪僧への評価は悪罵に近いものがあった。

明治から昭和の時代までわが国における仏教史研究の権威であった辻善之助にもその傾向がうかがえる。彼は、『日本仏教史』（第一巻上世篇）の中で、「寺院僧侶の腐敗堕落」という一節を設け、奈良時代における多くの実例をあげている。さらに、室町時代のところでは「室町時代僧侶の堕落」という節において、一般僧侶の堕落の指標として「大衆一揆」「女犯酒肉」「男色」「職位売買」「金銭利殖」という五つの項目を列挙し、詳しく実例をあげている（同、第六巻中世篇の五）。そのほかの時代についても、僧の堕落・腐敗の実例について多数記し、江戸期については儒家や国学者が僧侶と寺院の堕落行為（例えば「富突《とみつき》」〈＝富くじ〉や「貸付金」）をやり玉にあげている例を数多く紹介している（同、第十巻近世篇の四）。辻の学問は史料実証主義として高い評価を受けているが、よくもまあ細かく調べていることに驚きの念を禁じえない。後世の研究者や歴史作家が紹介する「悪僧」の行為の具体例は、たいてい辻善之助の著作中に網羅されているといっても過言ではない（ただし、辻の著作は、全十巻にわたってこうした古代から中・近世までの寺院と僧侶の悪行ぶりをあまりにもこと細かく並べ立てており、まるで「日本仏教堕落史」であるかのような印象を与える）。

中世の悪僧たちの行為は、世間一般、寺院内、武家勢力、朝廷など社会のあらゆる方面から「僧にあるまじき行為」として批判と非難を浴びてきた。しかし、そうした批判や非難は、十把一絡げに扱うことは妥当ではない。誰の目線で何のために問題とされたのかを考えなければならない。世間一般として共通した非難もあれば、特定勢力の偏った目線からの非難もある。そこで、以下においては、世間一般の非難と特定勢力からの非難を区別して検討をすすめていくことにする。

まず、世間一般からなされた「僧にあるまじき行為」という非難は、何を基準に判断されたのだろうか。「酒を飲む」「肉食」あるいは「妻帯」といった行為を想起すると、結局は仏僧が守るべき戒律との関係になる。

ルーズだった戒律の解釈と運用

仏教史を調べていくと、日本では戒律がきちんと守られた時代がいかに少なかったかということに驚かされる。律令国家の統制下にあった時代を除けば、出家者においてさえ戒律を守ることにルーズであったし、戒律の解釈が現実妥協的であったことは、日本で普及した大乗仏教の性格とも相まって日本仏教の歴史的特色の一つとさえいえるかも知れない。

戒律は、本来の仏教が備えているもので、宗派が勝手に決めるものではないが、いかなる経にもとづく戒律を採用するかは宗派による。日本仏教の母山といわれる天台宗では、開祖最澄が梵網経《ぼんもうきょう》による大乗戒（菩薩戒ともいう）を選んだ。大乗戒では、出家と在家を問わず共通に守るべき次のような五つの戒がある。

①不殺生戒《ふせっしょうかい》　殺すなかれ
②不偸盗戒《ふちゅうとうかい》　盗むなかれ
③不邪婬戒《ふじゃいんかい》　邪淫するなかれ
④不妄語戒《ふもうごかい》　嘘を言うなかれ
⑤不飲酒戒《ふおんじゅかい》　酒を飲むなかれ

これらの戒は、在家に対してはきわめてゆるやかに、義務よりも努力目標であるかのように解釈と運用がなされてきた。「酒を飲むなかれ」は禁酒ではなく、健康を害さないための節酒の意味とされ、「邪淫するなかれ」はよこしまな男女関係を戒めるものであって、健全な妻帯（あるいは夫帯）は問題ない。こうした類の解釈と運用が古くからなされてきた。「殺すなかれ」に関しても、漁業者や猟師など殺生を生業とする人たちには現実的に無理な話であったし、また朝廷が課す兵役に従わざるを得ない在家の人たちにも実行不可能だったので、こうした非現実的な戒は不問にされ、あるいは日常生活の反省材料にとどめられたと考えられる。

戒律適用のルーズさ、よくいえば現実合理主義は、出家者にも当てはまるものであった。在家には非現実的でも出家者には可能なはずだと思われるが、そうではなかった。中世延暦寺の僧を五戒においてチェックすれば、「酒を飲むなかれ」は、「仏法にあるまじき飲酒肉食」として世間から第一に指弾された日常的な破戒行為であった。「邪淫するなかれ」は、延暦寺には妻帯して山上に住むことができず、山下の坂本に住んでいた僧が多数いた。「盗むなかれ」は、延暦寺の僧兵が強訴で洛中を荒らしたとき公家の財宝を盗んだことは一般に知られた事実である。延暦寺が三井寺を焼き討ちして、鐘（今日「弁慶の引き摺り鐘」といわれている）を山上に持ち帰った行為などは、「戦利品だ」というかもしれないが、盗みは盗みである。「嘘を言うなかれ」にしても、学僧による座主《ざす》の遺文の偽作などの疑いがある。「殺すなかれ」については、延暦寺の長い歴史の中で、僧兵による殺傷は枚挙にいとまがないほど見られた。

寺院がとった不殺生のポーズのようなものといえば寺域を殺生禁断にするとか「放生《ほうじょう》会《え》」（鳥獣や魚を放つ行事）ぐらい、といいたくなるほどである。不殺生戒は、戒律の中でも「第一重戒」として守るべき徳目の最上位にあげられる。在家者と違って出家者は兵役を免除されていたから、なおさら世間の通念で在家者と出家者の相違を際だたせる戒律であったはずであるが、日本仏教の歴史の中ではおおむね無視されたとしかいいようがない。この戒律が、寺院の武力に歯止めをかけるといったことはなかった。

不邪淫戒を破った典型な僧として、妻帯し四男三女の七子をもうけた浄土真宗の宗祖親鸞があげられる。この問題は「日本思想史上における最重要テーマの一つ」（伊藤正敏『寺社勢力の中世―無縁・有縁・移民』ちくま新書）といわれているが、ここでは戒律が緩やかであった大乗仏教の性格と戒律解釈の問題であることだけ指摘しておこう。

このほかに、世間から非難された重要事として、僧兵による強訴や他寺院への攻撃の際の焼き討ちがある。しかし、放火は、「焼き討ち」「焼き払い」など、平安から戦国に至る時代の基本的な戦法であった。武士にとって焼き討ちはお手のものであり、朝廷でさえも関与を免れないケースがあった。安徳四年（一一八〇）興福寺と東大寺大仏殿を焼いた平重衡は朝廷から派遣された官軍であった。こうした軍事的な理由による放火が法的に処罰されたケースはめったになかった。延暦寺の僧兵たちも、あれだけ焼き討ちをかけ、その都度非難を受けながら、とくに戦法として恥じた様子は見られない。

また、「金銀の欲」に溺れていると非難された高利貸しについても触れておこう。これは、性質が異なる問題であり、寺院の経済活動が運輸や金融、貿易活動にまでひろがったことに関連して生じた業務の一つであった。金融事業でいえば、鎌倉・室町時代の京の土《ど》倉《そう》の三分の二は日吉大社の神人たちの管理下にあったといわれている。高利貸しでは比叡山以外にも熊野・高野山が有名であるが、年率百パーセントを超える金利もあったといわれている。法外な高利が世間の反発を買ったことは間違いない。しかしながら、出家者のこうした経済活動は、南都北嶺の旧仏教ではコントロールできない異次元ともいうべき領域であった。問われるのは、伝統的な仏法の域外に広大な経済業務を持ちながら、それを十分に管理できなくなった寺社の体制である。もっぱらこのような業務に従事した下級僧侶や神人たちに非難を浴びせるのは正鵠を得ていない。

以上のように考えると、飲食生食や妻帯、不殺生、放火、高利貸しといったことは、世間の感覚で堕落、腐敗と見なされても、現実妥協的でルーズな解釈と運用がなされると、どこまで宗教上の破戒と断定するかはきわめて難しい。それはともかくとして、僧兵たちが何百年にもわたって繰り広げてきた乱暴狼藉ぶりは、たとえ彼らが市井の人間であったならば厳しい処罰を受けてもおかしくない悪行を含んでいた。武家勢力は、自らの勢いが増すとともに、世間の反感と非難をあたかも代弁するかのように、上記の諸事項を寺社弾圧の口実としておおいに利用するようになった。

コラム

仏教の戒律について

天平勝宝六年（七五四）に唐から鑑真《がんじん》が渡来した。奈良朝廷が師を招請した目的は、当時の日本で行われていた仏教の戒律が不完全で、正式な受戒を行える師がおらず、ろくに読経もできぬ私度僧が野放しになっていたためという。しかし、考えてみると、仏教伝来から二百年以上経ち、律令国家は僧尼令《そうにりょう》を制定し、奈良には南都の諸宗があり、さらに桓武天皇による大仏造立が進められていたころである。いまさら唐から伝戒師を呼ばなければならないのかと訝しい気もするが、それはそれとして、鑑真和上は東大寺に戒壇院を設け四百人もの初登壇受戒を行い、奈良朝廷の期待に立派に応えた。

鑑真の活躍によって、日本の仏教は戒律制度を堅持する宗教へと大きく変わったが、平安時代以降、奈良の旧仏教の小乗仏教の戒律か、それとも唐で支配的となりつつあった大乗仏教の戒律かという選択を迫られるようになった。大乗戒導入の先頭に立ったのは、唐帰りの最澄が宗祖となった日本天台宗である。最澄は、大乗戒を説く教典である梵網経を選んだ。中国南北朝の時代に鳩摩羅什《くまらじゅう》が訳した梵網経はもとは百十巻を超える大部の経典といわれているが、今に残るのは大乗戒を説いた二巻のみである。

ここで戒律とは何かについて触れておく。戒律とは釈迦の教えによる本来の仏教が定めた在家や出家の生活規律のことである。戒は在家・出家が共通して守るべき内心の規範として五戒、律は出家に課される集団規律で、比丘二百五十八戒、比丘尼三百四十八戒がある。五戒とは、本文でも取り上げた「不殺生」「不偸盗」「不邪淫」「不妄語」「不飲酒」を指す。出家に関しては、それに「不著華鬘好香塗身」「不歌倡伎亦住観聴取」「不得座高広大床上」「不得非時食」「不得促銭金銀宝物」の五つを加えて十戒が設けられている。さらに上記の何百にものぼる戒が課される。男女ともに数多くの戒が設けられているが、これは最初からというよりも、最初は少ない数で対応できたのが、だんだん秩序を保つことができなくなり、積もり積もって増えたようである。

最澄は思い切って重点化をはかり、梵網経に基づく十の重い戒律（上記の十戒）と四十八の軽い戒律（四十八軽戒）に絞った。かといって、天台宗で僧となる条件が楽になったわけではなく、得度後の十二年間の籠山《ろうざん》修行など、きわめて厳しい修行生活を義務づけるものとなっている。

戒は、わかりやすくいえば、人間として誰でも守らなければならない自然の戒めであり、日常生活の道徳的規範と反省の糧である。それに対して律は、僧籍を得て教団の秩序を守る義務として誓わされる規律で、これを破ると追放などの重い処分を被る。

　宗教に戒律が必須であることは洋の東西を問わない。キリスト教では『聖書』の中に律法「十戒」がある。それぞれ特徴をもち、仏教の戒律と違う点が少なくない。

　キリスト教の律法は、神と隣人と自分の三者間の愛を完成するものといわれる。不飲酒戒はないし、葡萄酒を飲むことはむしろ歓迎される。肉食も禁じられていない。仏教戒律とのとくに大きな違いは、不殺生戒だろう。仏教では、梵網経の第一重戒としてあげられる不殺生戒は「いかなる生き物も殺してはならない」という定めになっているが、キリスト教では禁じられるのは「人殺し」と限定されている。実際には、「いかなる生き物も殺してはならない」という仏教の戒律は非現実的で守られるはずはなかったが、生命の尊さを認識させ、信者だけでなく、一般の人々にも生き物への無用な殺生に対する自制を促す社会倫理的効果は大きかったと考えてよい。

　大乗戒はその運用と解釈がルーズであることは本文に触れたが、日常生活と戒律が矛盾を来すと、戒律を現実妥協的に解釈することが多い。今日では、出家も肉を食い酒をたしなむ。隠語で、酒は「般若湯」、ビールは「泡般若」という。熱燗の酒は酒でなく、薬と智恵のわく湯である。

2．裏頭・刀杖による妨法　―寺社のうちからの非難―

下級僧の乱行非難と「二十六箇条制式」

寺社内でも、堂衆など下級僧の乱行への非難と取り締まりが試みられた。延暦寺では、良源が天禄元年（九七〇）に「二十六箇条制式」を作成し、その中で次のような事項を取りあげた（渡辺守順《もりみち》『僧兵盛衰記』での要約からの引用）。

第十八条で、「裏頭《かとう》妨法の者を禁制すべき事」として、「年来、叡山において修法や講義の行われる時、日暮れに、裏頭の僧が庭上に満ち、穢れたまま堂中に入り、もし制すれば暴言を吐き、刀杖をふりあげて、法儀を妨害する者が多かったので、康保元年（九六四）八月一日に禁制したが従わぬ者があった。そこで天禄元年（九七〇）に再び禁止する。修正会・二月会・不断念仏などにおいては、必ず衣服を整えること。覆面などは一切禁ずる。もし背く者があれば注進せよ。ただちに処断する」と書いている。

また、第十九条は、「兵杖を持って僧房に出入し、山上を往来する者を捕えて公家に進むべき事」として、「兵器は在俗の武士が持つもので、僧侶は経巻を持つべきである。しかるに、叡山の僧は党を結び、群をなし、刀剣を懐中にして僧房に出入し、弓矢を帯びてみだりに往来し（中略）その暴悪なること酒に酔うた象のようである。かくては一宗の恥辱、仏法の破滅、世間の非難の的である。今後は断じて刀剣や弓箭《や》を捨て、仏教者の本来に立ち帰るべきである。もしこれに背いたら速やかに捕えて官庁に送れ」といっている。

両条については、次の章でも再び取りあげるが、良源は、僧の寺院内での暴悪ぶりを手厳しく糾弾し、「一宗の恥辱、仏法の破滅、世間の非難の的」とのべている。しかし、問題の性質からすれば、それらは、寺社の内部統制が効かなくなっていることに由来する問題であった。山上の僧たちの乱行ぶりは、まったく統制に服さない浪人僧が房舎を占拠したり、山内を徘徊・横行したり、馬を飼う者まであらわれたりして、良源以前から取り締まりを強める努力がなされたが、一向に改善されなかった。良源が、思い切った解決策としたのは、前章でも少し触れた、上級職に出世していく学僧と武力に従事する非学僧を区別することであった。この方針が、僧兵の乱暴を抑える点でどの程度効果があったかははなはだ疑問である。

延暦寺の僧兵の乱暴ぶりは、良源以降いっそう激しく大規模になっていく。良源は、大前提として、比叡山における僧兵武力の必要性自体については肯定していたのであり、あくまで僧兵たちの行動の行きすぎを抑え、そのマナーの改善をはかることが目的であった。結局、寺院として武力を肯定するという大前提がある限り、この統制はうまくいかなかっただろう。

その他に注目すべき例としては、有名な学堂合戦がある。延暦寺における学僧と堂衆の対立は古くからあったが、治承二年（一一七八）に若狭国敦賀で発生した下級僧侶の暴力事件をきっかけに、かつてないほど激しい争いが勃発した。堂衆は近江や畿内の悪党を呼び寄せ、学僧は官兵の応援を求めて合戦を繰りひろげた。続いて建仁三年（一二〇三）には湯屋の入浴の先後の順番をめぐって武闘が再燃し、この争いは、学僧に対する堂衆の頑強な抵抗で十年続いた。そこには、差別待遇下にあった堂衆の不満が一時的に爆発したものではなく、寺院内で堂衆が勢力を増してきたという背景があった。

この時代には、南都や高野山でも地位の低かった行人たちの台頭が目立つようになった。それは、寺院自ら武力を拡大する必要から、得度の基準を緩め戦力として下級僧侶の数と力を増大させてきたこと、それにもかかわらず彼らの地位と身分を低く抑えてきたことなど、寺院内の身分制的差別とその矛盾が武力抗争となって顕在化したことを示すものであった。やはり、下級僧だけが責任を問われる問題でなかったといえよう。

上級僧の貴族化と寺院の堕落

中世寺院の堕落・腐敗は、僧兵の役目を担った下級僧について語られることが通常であるが、これは一面的で不公平である。組織としての寺院の姿を見た場合には、むしろ摂関政治との癒着などで貴族化し世俗化していった上級僧の堕落の方がある意味ではもっと深刻であった。それが典型的であったのは、南都の興福寺である。

泉谷康夫氏は、興福寺に関する著作において、院政期頃から興福寺は藤原氏の氏寺的傾向が強化され、院政政権の寺内人事への介入や、摂関家の世俗的身分制が寺内へひろがって興福寺の変質が進んだことをあげ、「狭くて簡素な三面僧房での生活を捨て、僧侶は院家内において貴族たちの世俗的生活と同様の生活様式を営むのであり、やがて堕落した生活に陥ってゆく」（泉谷康夫『興福寺』）と指摘している。その背景には院家の成立があった。興福寺は、一乗院と大乗院という院家が別当をつとめて支配するところとなった。両院は摂関家や将軍家の子弟を門主に迎え、多くの荘園を持ち、荘園の警護人を備えていたが、それぞれ院家の後継者争いで武闘が発生した。また両院間での争乱も行われて、嘉暦二年（一三二七）には両者の合戦で興福寺の金堂が消失する事態まで引き起こされた。

3．武装・不山住・武器製造　――武家勢力からの非難――

次に挙げるのは、武家勢力の側から投げかけられた非難である。

①仏法者が武装するのは仏の道に反する

②僧は山住であるべきなのに里や京に住んでいる

③寺院が武器（武具・鉄砲）を製造している

武家勢力からの非難は、軍事的な目線中心である。武家勢力が社会の表舞台に登場するようになると、武装は武士の専業的な特権であって、仏僧の武装は許せないという非難が次第に強くなっていった。

僧の山不在住は、朝廷から任命された検非違使《けびいし》や院政時代以降の北面武士として、都の院の警護役を担い、僧兵の強訴を阻止する立場にあった武士たちからの非難の声である。鎌倉幕府が正中元年（一三二四）に朝廷に出した要求の中に、僧の山不在住を取り締まり、僧や神人の定員管理を厳しくするように求めた例がある。京にいて山住しない僧が多かったのは、彼らがもっぱら商工業に従事していたからである（伊藤正敏、前掲）。

武器製造に対する非難については、秀吉が天正十三年（一五八五）高野山に対して「寺僧・行人らの僧徒は学問のたしなみがないうえ、仏教と無関係な、武具・鉄砲製造を行っている。これは悪逆無道であるから禁止する」という禁制を出している。しかし、そうはいいながら、武家勢力は折あらば寺社の武力を味方につけようとしていた。本心は、寺社の非武装中立にあったことは疑いないであろうが、勝つために当面利用できるものは利用するというのが武家勢力の姿勢であった。徳川家康は、小牧・長久手の合戦に際して、高野山に対して鉄砲を持参すれば恩賞を与えると提案している（伊藤正敏『寺社勢力の中世―無縁・有縁・移民―』ちくま新書）。

4．強訴・国司職務妨害・治安悪化　―朝廷からの非難―

朝廷は非難するも、もちつもたれつ

最後は、平安中期から院政・鎌倉の時代にかけて朝廷側からの非難の声が大きかった点として、以下の事項があげられる。

①神輿・神木を担いだ強訴
②寺社荘園における国司の職務妨害
③堂衆《どうしゅ》が群盗の母体となって京の治安が悪化

神輿と神木は三百年以上にわたって朝廷をひどく悩ました。そのことが世間の同情をたえず朝廷へと向かわせる大きな要素になった。朝廷は、つねに被害者の立場を表に出していたが、朝廷と寺社のあいだは本来、というよりもどこまでも王法仏法一体、いわば「もちつもたれつ」の関係にあった。朝廷側から、寺社の武力を利用しようとする動きも一度ならずあったし、寺社側も朝廷への圧力ばかりではなく、朝廷の窮地を救おうとして軍事行動に出たことがあった。

国司の寺社荘園に対する一方的な境界侵犯と押領の行為は各地で甚だしかったので、寺社側の責任だけが問われる問題とはいえない。

また、京の治安が全般的に悪かったのは平安末から院政期にかけてであるが、比叡山の堂衆が元凶であったかどうかについてはそれを示す証拠や事件がなく、過大な噂であったことは否めない。ただし、先に触れた寺内の禁制から想像されるが、京を荒らし回る不逞の輩が比叡山をねぐらにしていた可能性はありうる。

朝廷はまったくなにも手を出さなかったわけではない。平安後期には、寺社間の対立で放火や殺戮が発生したとき、張本とおぼしき僧を捕らえたことがあった。また、朝廷が本気で僧兵の禁止を寺社に迫ったことがあった。平安末の保元二年（一一五七）に出された保元新制という法令である。「悪僧禁止令」ともいわれるが、身分の低い僧の取り締まり令であって、上級僧には言及していない（伊藤正敏、前掲）。しかしまた、朝廷と寺社の関係を見るとき、朝廷が、寺社にもっぱら国家鎮護の祈りだけを期待し、武力までは期待していなかったというわけにはいかない。寺院側が、王法護持のための仏法、仏法護持のための武力だとして、武力の必要性を主張すれば、朝廷がそうした図式を拒む理由はなかった。また、朝廷の政治的な調停力と責任感が弱かったことも、僧兵武力を放任し、いっそう増長させる状態を招いた歴史的要因として見逃せない。

5．中世ヨーロッパの修道会騎士と僧兵の比較

修道会騎士と僧兵の違い

僧兵のイメージをより鮮明にするために、中世ヨーロッパの修道騎士団の騎士と比較してみるのは一つの方法であろう。そうした比較がどんな意味があるか疑問に感じるむきがあるかも知れないが、日本に来ていた宣教師が、根来衆《ねごろしゅう》（紀伊国・根来寺の僧兵）をヨーロッパの騎士修道会の騎士のようだと書簡に書いているので、決して恣意的な方法ではない。

中世ヨーロッパでは、テンプル騎士団、聖ヨハネ騎士団、チュートン騎士団といった修道騎士団が誕生した。十二世紀から十三世紀にかけてのころなので、日本の僧兵が活躍し

た時代とあまり変わらない。日本での修道騎士団研究の権威である橋口倫介氏は、「本来異質の身分で、聖・俗の対立する二つの世界をそれぞれ代表していた修道士と騎士が、十字軍時代の社会的要請によって理念的に融合し、現実的に一身で両身分を兼ねる新しいタイプの修道騎士が誕生した」（橋口倫介『十字軍騎士団』）とのべている。橋口氏は、世俗の騎士団が各地に横行していた中で、修道騎士は、キリスト教会の修道者の理想像と西欧封建社会の武士階級の模範像を一致させる、一時代の「期待される人間像」のような存在であったという。詳しいことは、氏の著書に譲るとして、僧兵とのあいだで比較することが容易な諸点を挙げてみよう。

まず第一に、修道会騎士は、いま触れたように、キリスト教社会の一時期の「期待される人間像」、いうなれば「花形」のスターのような存在であった。日本の僧兵は社会で期待されたなどとは到底いえない、むしろ顔をしかめられる人間像であった。まずこのあたりが違う点である。

第二に、修道会騎士は会の定める厳格な戒律を守り、毎日の祈りを義務づけられていたが、彼らは布教や宗教儀式を執り行う資格を持った正式な僧ではなかった。本職はあくまでも戦士、軍人であった。この点も、僧兵は、得度した者は正式な僧（得度の制が緩み、僧の質が劣化していたとはいえ）であった。いくら武者化したとはいえ、また個人的には専門武士に劣らないほど武力に長けていた者がいたとしても、武力戦闘が自分の本職と思う僧兵はいなかったであろう。

第三に、修道会騎士には、神に対する一種の殉死の思想があった。つまり、十字軍で戦って命を落とすことは神の祝福を受ける名誉な行為であり、そのことは修道騎士会の会員になるときから徹底的にたたき込まれていた。僧兵は、仏法護持の使命感はあったであろうが、死ぬ覚悟などはあるはずがなく、合戦で命を落としたからといって、追悼供養されても、特別に祝福や顕彰を受けることはなかった。

第四に、戒律にもいろいろな違いが見られる。騎士たちの食事では、肉、魚、卵などが出された。ブドウ酒も「聖職者に好適な飲料」として卓上に出された。後世ヨーロッパでは、「テンプル騎士のように、よく飲む」という諺が生まれ、修道会騎士は大酒家の代名詞となったと、橋口氏は紹介している。禁止事項としては華美な服装、スポーツその他の娯楽、婦人との交際など、これは日本の僧に課せられたものとだいたい似通っている。また、騎士団には特異な服装と徽章が規定されていた。日本の僧兵には、宗派の旗印を掲げるといったことは見られないが、特異な服装という点では共通性がある。ただし、日本でも僧侶には一目で身分が偉いかどうかがわかる服装の格式の規定があるが、僧兵にはそんなものはなかった。

日本の僧兵の服装についてふと考えると、中世の絵巻物などに描かれた一目でそれとわかるあの裹頭や高下駄の僧兵スタイルは、一体誰が考案し、しかもどうやって全国各地の寺社に普及したのだろうか。

「悪僧」を超えて

以上のような要素を総合的に考慮すると、僧兵を「悪僧」として一方的非難の対象にすることは必ずしも適切でないと考えざるをえない。悪僧の「悪」は朝廷が「勝手に貼った負のレッテル」という指摘（例えば、伊藤正敏『寺社勢力の中世―無縁・有縁・移民―』）もある。ただし、筆者は、歴史的な観点からより重要な問題のあることを指摘したい。それは、仏法の指導者の側にあった良源の責任ともいうべきものである。

良源は、僧兵の乱暴を禁止したが、そのことによって彼らへの「悪僧」のレッテル貼りを公認する結果となった。実際に世間の激しい非難を受け、仏法の世界への不信をかきたてるほどの重要問題となっていたので、良源が断固たる厳しい措置をとろうとしたことは理解されるが、それだけに終始したために救いようがなくなったことは否めない。良源が、僧兵たちを、「花形」とはいえないまでも、もっと直接に仏命に従って汚れ役を演じた重要な脇役として声高く、あるいは温かく評価することがあったならば、もう少し良いイメージを後世に残したであろう。

「修学に耐えざる愚鈍無才の僧侶を選び、武門一行の衆徒となす」（室町時代の『山家要記浅略』）とのべたといわれる良源に、僧兵を温かく包む和合の精神が果たしてどれだけあったか、いずれにしても、良源の後世に対する結果責任は大きかったと考える。次章でも、良源の功罪にもう少し立ち入って考えてみたい。

『広辞苑』によれば、「悪」の意味には、道徳的悪とみなされる「人倫に反する行為」と、「たけだけしく強い」の二つがあり、「悪僧」にも、戒律を守らず「わるい行いをする僧」と、武芸にすぐれた「勇猛な僧」という二通りの意味がある（新村出編『広辞苑』第三版）。まさに、僧兵の場合、両方の意味を兼ねていたことは間違いない。しかし、その「悪」のうち、個々の僧の責任に帰せられる部分はそんなに大きくないと考えられる。

寺社間の大規模な武力抗争や強訴などは、延暦寺では「三塔詮議」といわれる三千人の大衆たちの討議を経て決められていた。こうした組織決定のもとで、個々の僧の「悪行」はどこまで責められるであろうか。したがってまず、その「悪」はどちらかといえば、武力の行使を下級僧に命じた寺院の側にあったと思いたい。

仏教研究者で僧兵研究にもすぐれている渡辺守順氏は、自著『僧兵盛衰記』のあとがきの中で、「辿りついた私の僧兵史は、乱暴狼藉をはたらいたという悪僧のイメージを少しでも変えることであった。わが国の民衆史のなかで、采女《うねめ》・下級武士・民間芸能人・遊女・農民・町衆などの生きさまが系統づけられつつある今、僧兵も、はっきりと位置づけたいと思う」と書かれている。同感である。

　今後、僧兵イメージを塗り替えるためには、中世寺院の下級僧たちの生活実態や精神世界、また、地域の住民が、僧とともに寺院を核として自らの地域社会を形成してきた歴史についても研究が盛んになることがのぞまれる。

■参考文献

辻善之助『日本仏教史』全十巻、岩波書店、一九六九～一九七〇年改版
日置英剛編著『僧兵の歴史』戎光祥出版、二〇〇三年
梅原猛『最澄瞑想』佼成出版社、一九八七年
川上一彦『平安僧兵奮戦記』総合出版社歴研、二〇〇八年
渡辺守順『僧兵盛衰記』三省堂選書、一九八四年
泉谷康夫『興福寺』吉川弘文館、一九九七年
伊藤正敏『寺社勢力の中世―無縁・有縁・移民―』ちくま新書、二〇〇八年
橋口倫介『十字軍騎士団』講談社学術文庫、一九九四年

第四章　良源は「僧兵の創始者」か

「良源＝僧兵の創始者」説をめぐって

中世寺院の僧兵の起源を考えるとき、避けて通れない問題がある。それは、江戸期に提起され今日に至るまで蒸し返されてきた問題、延暦寺の良源（九一二～九八五、慈恵《じえ》大師）が「僧兵を創始した」という説をどう見るかである。中世の寺院武力といえば僧兵、僧兵といえば延暦寺、延暦寺といえば良源といってよいほど、僧兵と良源の関係は歴史上の通り相場になってきた。

明治期になって、僧兵の起源を取り上げた辻善之助『日本仏教史研究』やその後の研究は、良源による僧兵創始説は誤った伝説にすぎないとした。これが、今日まで通説となっているといってよいだろう。しかし、あとで見るように、良源は一方で寺院としての文武二道の必要性と下級僧の武装化論を唱え、他方では悪僧たちの武装を禁じるという、一見して複雑な態度をとっていた。良源の言質のどこに注目するかによって、彼は僧兵の創始者に見えたり、僧兵の禁止者に見えたりするのである。通説に異論を挟むほどではないにしても、本書でも議論してみる余地がある問題である。

良源が天台トップの座に就いていた平安の中期は、律令制国家が崩壊し、寺院は政治的にも経済的にも生存競争を強いられる時代となっており、自衛武力あるいは攻撃武力として僧兵の活動が最も盛んになっていく時期であった。当時の比叡山には、三千人の僧兵がいたといわれる。寺社間の流血の争い、朝廷への神輿振りによる強訴、山内で裹頭《かとう》し刀杖を持って法会を妨害する僧の横行など、寺院内外での僧の悪行ぶりと僧質の劣化に対して、世間での非難の声が急激に高まっていった。しかしまた、この時期には、寺院の構成員の変化が進行し、内部で僧たちの身分格差や対立も激しくなっていた。良源が果たした役割の評価は、当時の比叡山のそうした状況を考慮に入れなければならない。

1．今日の延暦寺は僧兵をどう見ているか

『大日本史』に対する反論

まずは、今日の延暦寺が、かつて山門で「悪僧」といわれながら活躍していた僧兵たちを、どのような目で見ているかを確かめておこう。

参詣者用に市販されている延暦寺執務局編纂『比叡山―その歴史と文化を訪ねて―』（二〇〇一年改版）を開くと、「北嶺の僧兵」として、概略、以下のような記述がある。

僧兵は戦記文学に悪党として描かれているが、なぜ僧兵が存在したか。僧兵は、古

く中国、インドにも存在した。日本では大宝律令の時代に僧尼の武力行為を禁止しているから、そのころからすでに寺院に武力があった。寺院に荘園が増加し、立派な仏閣にすばらしい仏像が安置されると、財産を自分で守るために僧兵が必要であった。奈良の大寺院に続いて、比叡山にも僧兵が生まれた。比叡山では、慈恵大師が「文なければ則ち上に親しむの礼なく、武なければ則ち下に威するの徳無し。故に文武を兼ねて天下を治む」と講釈し、また「二十六箇条の制式」を作成した。その第十八条で僧兵の乱暴を禁止したところ、その意味が逆にとられ、また荘園の騒動で僧兵を保護にあたらせたので、江戸期の『大日本史』が、慈恵大師が「悪僧ヲ聚メテ専ラ武杖を講ジ、号して衆徒トナス、僧兵コレヨリ起ル」と書いた記事が通説となった。僧兵の行動には一部に行き過ぎもあったことは事実であるが、僧兵を描いた『平家物語』『源平盛衰記』『太平記』といった文学作品はオーバーな記事が多い。しかし、山徒の強訴はすべて乱暴無法の状態であったわけではなく、三塔詮議《せんぎ》という民主的な討論にもとづいて、行動するのが原則だった記録もある。そして、貴族や、武士の開いた幕府の横暴に対してつねに修正の役目をもっていた。

以上のことをまとめると、第一に、僧兵は仏閣や寺宝、寺領を自衛する必要から生まれたこと、第二に、一部には行き過ぎがあったが、僧兵を悪とするのはオーバーな文学的表現であること、第三に、強訴も宗門内の民主的な合意で決めていた、第四に、僧兵の行動は貴族や幕府の横暴を修正する役目があった、という。自衛武力の性格を強調し、僧兵に対する公平な世評と「悪」イメージの払拭を求めている。とりわけ良源については、「二十六箇条の制式」の中で僧兵の乱暴を禁止したので、彼を僧兵の創始者とする『大日本史』は誤りとされる。

これを読むと、強訴で朝廷を悩まし、世間から恐れられ非難された僧兵の乱暴・堕落ぶりについては、「一部行き過ぎ」をいうだけで、とくに自省めいたものはない。

2．良源の「二十六箇条制式」と文武二道論

「二十六箇条制式」作成の目的

では早速、良源をめぐる議論に立ち入ってみよう。

先にも触れたように、江戸期の国学者によってまとめられた『大日本史』による僧兵の良源創始説がある。そこで根拠とされたのは、室町時代の『山家要記浅略《さんげようきせんりゃく》』である。そこには、良源が講釈の中で触れた「衆徒武門事」として、「慈恵大師が御治山の時、彼の

御釈に云ふ。文無ければ則ち上に親しむの礼無く、武無ければ下に威するの徳無し。故に文武を兼ねて天下を治む」と書かれており、さらに、良源が「修学に耐えざる愚鈍無才の僧侶を選び、武門一行の衆徒となす」との記述があった。この一文が、『大日本史』において良源が僧兵を創始したとクローズアップされるところとなった。

『山家要記浅略』は上の一文に続けて、末法の世になって信を疎く法をさげすむようになったので、叡山は武門の僧徒によって荘園での騒動をおさめ、仏法のための灯明料や寺領荘園を守り伝えて、正法が世に行われるようにした、とも書いている。『山家要記浅略』はその文脈上比叡山を非難したものとは思われない。むしろ良源の業績を評価しているようにも思われる。『大日本史』はこれらの記事を踏まえつつも、その底意は正反対であった。

ただし、僧兵の良源創始説は、『大日本史』が初めてではない。早くは鎌倉時代や室町時代の文献中にも見ることができ、十四世紀に成立した『太平記』にも同様な記述が見られる。辻善之助は、こうした説の始原は、『太平記』が書かれる以前の鎌倉時代ごろではないかと推測している。

すでに前の章で触れたことでもあるが、良源の「二十六箇条制式」にもう少し立ち入って検討してみよう。

良源は、天禄元年（九七〇）七月「二十六箇条制式」を作成して、全山に禁令を布告した。二十六箇条には、法会のときの被り物の奢侈《しゃし》、聴衆を饗応することを禁止し、登壇受戒の際には誦戒を練習すること、法用作法を練習すること、伝法講経を必ず聴くこと、籠山中の僧は内界地から出ないこと、若僧は禁色衣服を着用しないこと、山内での牛馬放飼を禁止することなど、どれもとくに問題がないと思える規律事項が順次並んでいる。しかし、注目されるのが第十八条の「裹頭妨法の者を禁制すべき事」、第十九条「兵杖を持って僧房に出入し、山上を往来する者を捕らえて公家に進むべき事」である。

第十八条「年来、叡山において修法や講義の行われる時、日暮れに、裹頭の僧が庭上に満ち、穢れたまま堂中に入り、もし制すれば暴言を吐き、刀杖をふりあげて、法儀を妨害する者が多かったので、康保元年（九六四）八月一日に禁制したが、従わぬ者があった。そこで天禄元年（九七〇）に再び禁止する。修正会・二月会・不断念仏などにおいては、必ず衣服を整えること。覆面などは一切禁ずる。もし背く者があれば注進せよ。ただちに処断する」

第十九条「兵器は在俗の武士が持つもので、僧侶は経巻を持つべきである。しかるに、叡山の僧は党を結び、群をなし、刀剣を懐中にして僧房に出入し、弓矢を帯びてみだりに往来し（中略）その暴悪なること酒に酔うた象のようである。かくては一宗の恥辱、仏法の破滅、世間の非難の的である。今後は断じて刀剣や弓箭《や》を捨て、仏教者の本来に立ち帰るべきである。もしこれに背いたら速やかに捕えて官庁に送れ」（渡辺守順『僧兵盛衰記』での要約からの引用）

良源は、「暴悪なること酒に酔うた象」（突撃で敵を踏み倒す戦象、それがさらに酒を飲んで暴れているイメージであろうか）、「一宗の恥辱、仏法の破滅、世間の非難の的」であると、僧兵の寺院内での暴悪ぶりを最大限の言葉で糾弾している。「兵器を持つな」「刀剣や弓箭を捨てよ」といっているので、武装の完全禁止のようにも受け取れる。これらは、悪僧たちと彼らが属している僧房の責任者に向けて発している言葉である。辻善之助は、『日本仏教史』（第一巻上代篇）において、これらの条を見れば、良源は悪僧の禁圧に努めているのであって、悪僧たることを勧めているはずはない、とのべている。渡辺守順氏は、「良源は僧兵の悪い行動を禁じているが、護法のための僧兵集団はむしろ組織して統制下においた」とのべている（『僧兵盛衰記』）。筆者も同意見であるが、僧兵の存在そのものを否定しているわけではなく、「悪い僧兵」の禁制であって、護法の僧兵を肯定する前提に立ったものと理解される。

ともあれ、良源は、その文武二道論に注目すると僧兵の創始者に見えたり、制式の第十八、十九条に注目すると僧兵の禁止者に見えたりするのである。

文武二道とその仕分け

「二十六箇条制式」は史料として存在が確実なもの（京都の廬山寺に残る）なので問題ないが、ここで注目したいのは、良源の行ったとされる講釈である。なにぶん、良源の時代から四百年後に書かれた『山家要記浅略』の記事である。果たして、良源がその通りの内容で講釈したかどうか、簡単には鵜呑みにできない。しかし、後世、これを信じて史書や軍記物がつくられ、言い換えれば僧兵に関する歴史が語られてきた。こうした場合は一応目をつぶって論を進めざるをえない。

筆者がとくにここで注目するのは、「文無ければ則ち上に親しむの礼無く、武無ければ下に威するの徳無し。故に文武を兼ねて天下を治む」という良源の言である。これは、素直に受け止めれば文武二道論である。しかし、仏僧一人一人のあるべき姿として文武二道が求められているわけではない。そのことは、「修学に耐えざる愚鈍無才の僧侶を選び、武門一行の衆徒となす」と書かれていることと対応させればわかる。

文武二道という言葉は、「文事ある者は必ず武備あり」という言葉が『史記』にあってそこから由来しているが、日本では武士勢力が歴史の表舞台に登場した鎌倉時代以後にひろがった言葉であったと思われる。よく引き合いに出されるのは、鎌倉時代に成立した軍記物『平家物語』における「あっぱれ、文武二道の達者かな」という文句である。ただ、「文武天皇」（第四十二代）という諡号（「もんぶ」であって「ぶんぶ」ではない）に見られ、「文武」という言葉自体はずっと古くから知られていたようである。そうであったとしても、良源の生きた平安時代の中ごろには一般に耳にすることは少なかっただろう。おまけに仏教者の世界で僧に向けて説かれるはずのない言葉であった（だから、室町時代前期に成立した『山家要記浅略』には信憑性に疑いが残る）。

ただし、仏教の世界では、剣は無縁であるどころか、象徴的な意味ではなじみのある要素である。そのことは、文殊菩薩や五大明王といった剣を持つ仏像を見ればわかる。これらの剣は煩悩を断ち切る役目を担うとされる。また仏像の置かれる須弥壇の四隅に配置される四天王、さらに寺の山門には仁王が剣をもって守護の役を果たしている。このように、剣は経とセットである。仏教の世界は、これを見ると本質的に文武二道の世界といえないこともないが、あくまで宗教的象徴の話であり、個々の僧侶が経と剣を両手にもって修行に励まなければならないといった次元の話ではない。

良源がのべた趣旨は、宗門寺院の全体としては文武二道を兼ね備えなければならないが、構成員たる僧については文一道の僧と武一道の僧とに分けなければならない、ということである。しかしまた、制式の第十九条では、「兵器は、在俗の武士が持つもので、僧侶は経巻を持つべき」とものべているので、僧の文武二道はこれとは矛盾した話になる。結局、文武二道は、僧の個人的次元でなく、寺院全体次元での話ということになろう。しかし、個々の僧にも直接降りかかる問題となる。

ただし、良源がのべた「文無ければ則ち上に親しむの礼無く、武無ければ下に威するの徳無し。故に文武を兼ねて天下を治む」という言葉は解釈に苦しむ内容である。なぜ文が「上に親しむの礼」で、武が「下に威するの徳」なのか、また、「文武を兼ねて天下を治む」というが、「天下を治む」とはいかなる意味なのか。武士勢力の目線を感じさせる説明である（宮本武蔵は『五輪書』において文武二道を称揚したが、江戸時代には武士のあるべき姿として文武二道が求められ、幕府や藩は文武奨励策を進めた）。

僧を文武に分けることは、すでに寺院の構成員の現実がそうなっていたことの反映であったと考えてよい。この時期には、得度制の緩みによって、厳格な受戒と修学の機会を経ない僧が大量に増え、私度僧も増えていた。延暦寺も例外ではなかっただろう。僧質の劣化が顕著となり、「修学に耐えざる愚鈍無才の僧侶」が大量に寺院内に蓄積されていた。また良源が座主《ざす》の地位にあった当時の延暦寺は山門と寺門に分裂する寸前で、良源が自ら号令して僧兵を動員しなければならない緊迫した情勢もあった。良源は、座主在任中に、興福寺の末寺であった祇園を比叡山に寄進させるため、西塔の僧兵と覚しき僧を派遣して武力でこれを実現している。

3．叡山における文武の抗争と妥協

「禁制を重ねても重ねても、遂に留まることを知らず」

史料の読み方として、何らかの禁制が発せられた場合、ウラにそうした現実がすでに存在していたと考えるのが通例である。何もないところで将来に起こりうるリスクを予見して禁制を出すといったことはない。例えば、律令国家の大宝律令で「僧尼は兵書を読み習ひ、人を殺し奸盗《かんとう》」を行ってはならないとあれば、すでに当時において寺院の武力が存在していたと判断される。「二十六箇条制式」には、多くの事項が禁制とされているが、それらの事項がすでに山上では珍しくない状態になっていたことの裏返しであったといってよい。

比叡山では、良源以前にもさまざまな禁制が発せられ、僧の規律を正そうとする試みがなされていた。

天台教団の最初の禁制は、宗祖最澄の遺誡の中にある「童子を打つ勿れ」であったという。これは、寺内で僧の身の回りの世話をする者のなかに行いが良くない者がいても殴ってはいけないという禁制であった。このあと、最澄の弟子であった仁忠による「延暦寺禁制式」の制定、円仁の「首楞厳院式《しゅりょうごんいんしき》」、貞観八年（八六六）の「延暦寺官制四条」と続き、そして良源の「二十六箇条制式」に至るのである。ただし、良源以前の制式では、酒を飲むなとか、色欲に走るなとか、馬を飼うな、美服を着するなといった内容が主なものであった。武装や武力的行為の禁止が登場したのは「二十六箇条制式」においてであり、それだけに良源が僧兵出現がらみで歴史的に注目されるゆえんであった。

しかし、山内の統制は効果がなく、僧兵が増えるにつれ悪僧も増え、良源のころから僧兵の容認と政策的利用という現象が見られるようになった。

この現象を文武の抗争と妥協として理解し説明したのは、はるか後世の多門亮深である。氏は、「武力的行為は、反宗教的行為に対して禁制を重ねても重ねても、遂に留まることを知らず、結局は叡山教団首脳部と武力僧と妥協して行動するようになった」とのべている。ここで少し、多門亮深氏の小論「叡山教団史上における文武の抗争と妥協」に注目しておきたい。というのは、良源について「二十六箇条制式」はよく注目され検討されるのに対して、その背後あるいは基底にある文武二道論は紹介されても議論されたことはなく、多門亮深氏の小論は近代の天台教団の中でそれがいかに理解されているかを示す稀少な例と思われるからである（同論文は、昭和十年〈一九三五〉発行の『元三大師九百五十年遠忌記念集』に収録されたものが、昭和五十九年〈一九八四〉に叡山学院が編集した『一千年遠忌記念元三慈恵大師の研究』〈同朋舎〉の第二編覆刻論文として採録されたものである）。

多門氏は、「叡山教団成立当時から、教団を形成する人々の間に、政策を以て立つ者と、研学を以て立つ者との対立が認められる。此の二者が、或は抗争し、或は妥協して叡山教団を発展せしめて行った」とのべ、前者を武、後者を文と位置づける。武の僧が増加し、教団の大部を占めるようになり、上記のようにさまざまな禁制が試みられたが効果がなかった。そのため、文と武は妥協して行動するようになり、その集団的行動の初めての成果が三井寺門徒の永久放逐であった。多門氏は、文武の関係を次のようにいう。

> 僧兵なるものは、単に僧兵自身が勝手に動いたのではないと思われる。その裏には之をあやつる者がいたのである。所謂「文」がその背後にあって「武」を統攝した。或は自己の教団を愛するが故に、或は国家を護らんが為に、常に文と武は完全に合体して行動した。此の行動は文に取りては自己の教団を護り行く唯一の方法であり、武に取りては生活の安定と武力的興味を得られる唯一のものだったのである。実に武は

叡山教団に取りて欠くべからざるものとなったのである。

多門氏は、「武の発生並びに隆盛は、叡山教団をして堕落せしめたのではない」とし、武のおかげで叡山の教団としての隆盛がもたらされたこと、しかしその後、「武の根絶した叡山は、その教学においても完全に根絶し、気息奄々として余命をつないだではないか」とし、「現下の宗風を以て一人僧兵の礼賛を禁じ得ない」とのべている。

多門氏がこれを書いた一九三〇年代は、日本の軍国主義的風潮が盛り上がっていた時代であったことを念頭に置かなければならないが、文武の関係が、武は文のコントロールのもとにあって操られていたとか、文には教団の存続、武には生活安定の利益があったとか、率直な見方が語られていて興味深い。これが良源の文武二道論と同じ趣旨のものかどうかは何ともいえないが、案外、現代の延暦寺の関係者の中にも多門氏とあまり違わない過去認識があるかも知れない。しかし、少なくとも、「山家学生式《さんげがくしょうしき》」(次章で取りあげる)を定め、国家に有為の人材を育成することを掲げた宗祖最澄からすれば、僧兵の発生も、文武二道といったことも、予想だにしなかった現実と議論であろう。

「良源＝僧兵の創始者」説は妥当か

良源が僧兵の創始者だという説はやはり妥当とはいい難い。寺社における僧兵の起源と発達の歴史は、以前の章で考察したように、自衛武力の自然発生的な現象も含めてもっと多様な要因が分析されるべきである。ある時代のあるときに、何もない状態からいきなり正式な僧兵制度が創られたといったものではなかった。むしろ、良源以前の時期にすでに延暦寺には堂衆を主力とする僧兵が現れていた。また、同時期には、南都の興福寺や東大寺にも武装した僧の集団的な姿が見られるようになっていた。良源の果たした役割の意味合いとしては、寺院社会に文一道か武一道かどれかに従事する僧の身分的職分的な秩序の必要性を表明したことの方が大きい。それによって、僧兵が、非学僧を主体にして、よりはっきりとした姿をもつようになったことは確かである。

また、繰り返しになるが、良源が僧の武装を一般的に禁止したという見方も当たらない。良源は護法の僧兵の必要を認めている。その上で、僧兵たちが悪僧化するのを防止する内部統制のルールづくりをすることが彼の目的であった。この点で、良源の努力の特徴として、僧質の向上のために僧の研修内容やその機会を重視したことは注目されてよい。「二十六箇条制式」において、登壇受戒の際の誦戒を練習すること、法用作法を練習すること、伝法講経を必ず聴くことといった項目を挙げているのは、その証である。

さらにまた、文一道である学僧は、「二十六箇条制式」以降一切武装したり戦闘に参加したりすることがなかったのかというと、そうではない。これも、前の章で触れたように、延暦寺では十一世紀に学僧と堂衆のあいだに大規模な合戦が起こっている。

なぜ、良源は「僧兵の創始者」として、やり玉に挙げられたのだろうか。

江戸期の儒学者や国学者は、仏道と武士道との明瞭な区別を求めた。寺院僧侶が仏道と武士道を兼ねるといった考え方、すなわち、良源の文武二道論はもってのほかであり、絶対に認められるものではなかった。良源に非難の風当たりが強かったのは当然であった。

4．偉大な良源と負の遺産

良源は比叡山中興の祖

慈恵大師良源は、僧兵をめぐる評価だけでなく、その業績についても多面的に評価される人である。

まず良源は、「教学、制度、建物などすべての面で比叡山復興」をなしとげたといわれ、中興の祖と仰がれる偉人である。彼の具体的業績は、円仁没後衰退していた横川の堂塔を復興し、東西両塔から独立、発展させたこと、座主在任中、大半が焼失していた諸堂を再

比叡山延暦寺横川の「おみくじ発祥之地」と「元三大師と角大師の由来」の碑

建し拡充整備して面目を一新したこと、「二十六箇条制式」をつくり僧風を刷新したこと、「広学竪義」という教学機関を設置して教学の充実をはかり、それを通じて奈良仏教から独立し南都を凌駕するようになったことなど、いずれも特筆されるべきものである。良源が、おみくじの元祖とされることもよく知られている。また、「角大師《つのだいし》」「豆大師」と呼ばれる、良源の法力を影像にした魔除けの護符も、平安末期から民間に広まった。

摂関政治との癒着

しかし、横川の復興は藤原師輔《もろすけ》一門の摂関家の支援を受け、良源は師輔の子の尋禅を受戒させて弟子とし、彼の遺言によって良源没後は尋禅が摂関家出身で初の第十九代天台座主になった。それゆえに、良源以降「比叡山教団は摂関政治権力と癒着し、貴族出身者の優遇と権門座主の出現、僧兵集団の成立と円仁・円珍両門徒の抗争となって現れる」（『新

修　大津市史』第1巻古代）と評価される側面があった。

良源を讃えて、横川には元三《がんざん》大師堂が建てられている。元三大師とは慈恵大師の通称である。死後一千百年以上年経つ今も、天台信徒のみならず、一般参詣者から尊崇止まない人物である。とにかく、ずば抜けた構想力、判断力、企画力、実行力を持った指導者であった。しかし、その良源でさえも、座主になる以前の若僧のときには、すでに僧でありながら嫌気がさして遁世を思い詰める（いわゆる「遁世の中の遁世」）ほど、比叡山の中の乱れはひどく、統制は容易ではなくなっていた。そして、その波乱に彼もまた巻き込まれざるをえなかった。

その一つが、円仁派と円珍派の対立であった。対立の根本原因は、両派の教義上の違いというよりも門流間の勢力争い、具体的には天台座主のポストをめぐる争いであった。良源は、円仁派の統領のような存在であって、円珍派を抑え自分の直系の弟子たちを優遇したことから、結局円珍派の僧たちは山門を下って三井寺に移った。これによって、比叡山は山門と寺門への分裂という事態に陥った。その後、山門と寺門は、天台座主のポストや三井寺の戒壇設立問題をめぐって果てしない抗争を繰り返した（これについては、第六章で詳しく論じる）。良源一人の責任に帰せられるものではないにしても、良源が、両派の不和を憂慮し、和合に努めた気配はない。むしろ、良源には、円珍派を山上から完全に排除しなければ、対立はおさまらないという最終判断があったのだろう。

比叡山の分裂は、偉大なる慈恵大師が残した負の遺産、といえば言い過ぎであろうか。

さて次章では、いよいよ本書の結論的な考察に取り組むことにする。それは、平和を祈願し不殺生の戒律を掲げた宗教組織が、いかなる暴力肯定の論理を以て破戒をいとわない組織に変貌したか、という問題である。

■参考文献

延暦寺執行局編纂『比叡山―その歴史と文化を訪ねて―』二〇〇一年改版
杉谷義純『比叡山と天台のこころ』春秋社、二〇〇九年
辻善之助『日本仏教史』全十巻、岩波書店、一九六九～一九七〇年改版
渡辺守順『僧兵盛衰記』三省堂選書、一九八四年
衣川仁『中世寺院勢力論』吉川弘文館、二〇〇七年
『新修大津市史』第一巻古代、一九七八年
叡山学院編『一千年遠忌記念　元三慈恵大師の研究』同朋舎、一九八四年

第五章　鎮護国家仏教と武力正当化の論理

僧兵武力は仏教の外か内か

寺院が僧兵武力を有した原因は、仏教の外にあったのか、それとも内にあったのか、評価が分かれる微妙な問題である。

多くの仏教者にとって、後者は認めがたいだろう。一例を示せば、「僧兵の活動が忌まわしき現象であったとしても、当然生まれるべくして生まれたものである。その原因は仏教のうちに在らずして、むしろ社会のうちに在った」という故日置昌一氏の見解がある（『日本僧兵研究』序。初版は昭和九年〈一九三四〉。子息の日置英剛氏の編著で平成十五年〈二〇〇三〉に『僧兵の歴史』として再刊されたが、再刊では序は省かれている）。

次は、天台宗大僧正で直木賞作家、参議院議員でもあり、毒舌で威勢の良かった今東光《こんとうこう》の説。

重ねて僕の言いたいことは僧兵は良源の出現の如何を問わず、僧兵は僧兵にならなければならない必然的な理由があったことだ。時代の大いなる転換期、それも平安時代から武家時代へ移行する実力の時代にあたって彼らが武装したことは合目的的であったと言わずばなるまい。それは後世の編述ではないかと言われる『山家浅学要略』の一節に「愚鈍無才の僧侶を抜いて武門一行の衆徒とならしめ」、この「武門の衆徒は自力をもって施入の田園の違乱を鎮め、勇猛をもって邪義張行の諸宗を誡め」させるのだとある。少なくとも良源の態度には愚鈍無才の衆徒は武事を専念することを容認するものがあったと思う。何となればその頃に台頭して来た武士階級は貴族階級ばかりでなく神社仏閣の所有する荘園などまで容赦なく食い荒らしつつあった。この蝗《いなご》のような大群の傍若無人な行動は唯だ実力を行使する以外に抑制することが出来なかった。すなわち武士が武士を鎮圧することだ。これが武士階級の形成を促進したことは疑うべくもない。比叡の衆徒の武士化は避けられなかったのだ。

（今東光『比叡山延暦寺』）

しかし、武士の発生と同じ理屈で僧兵の発生を根拠づけることには戸惑いを禁じ得ない。なぜなら、僧兵の行為が戒律に反し、日本の宗教界の特異な現象であったことの説明回避につながるからである。寺院には僧兵を必要としたさまざまな内外の事情があったとはいえ、当時の仏教思想に武力保持を助長する論理が内在していたことも否定できないだろう。それは、一言でいえば鎮護国家の思想である。

ただし、鎮護国家の仏教といっても、定義は簡単ではない。また、鎮護国家を唱える仏教であればただちに僧兵の話に直結するかといえば、そうではない。古代律令国家は、鎮護国家を使命とする国分寺制度を創設したが、国分寺は護国の祈りを捧げる場であって、僧尼が兵書を読んだり武装したりすることは禁じられていた。鎮護国家の思想と寺院武力を直結させることは妥当でないが、しかし、歴史のどこかで飛躍的にか、はたまた暫次的にか、その両者は結びついてくるのである。

実は、いまのべた日本仏教における鎮護国家の思想は、中世の次元にとどまらない。それは、近世、近代になっても日本仏教の底流にあり、明治の天皇制国家になってから再び浮き上がって、仏教界全体に突きつけられる問題となった。

この章では、鎮護国家の思想がいかに仏教武力を正当化する論理を生み出したのかを考え、最後にはそれが明治以降に与えた影響についても触れてみたい。

なにぶん大きなテーマなので、まず、仏教の鎮護国家思想の歴史的な輪郭を明らかにし、次いで、そのもとで求められた政治と宗教、核心となった王法と仏法の関係がどのように認識されていたのか、そして最後に、近代に至って日本の仏教が鎮護国家にいかに狂奔し、かつ挫折することになったのかを見ることにする。

1．鎮護国家の仏教とは

日本仏教の歴史的特色

鎮護国家の仏教を定義する前に、日本の仏教の特色を振り返っておこう。

これは常識に属することであるが、インドで発生した仏教には国家を統治する帝王を鎮護するという思想はなかった。それが中国唐の時代に鎮護国家の使命をビルトインされた仏教となり、朝鮮経由で日本に渡来した。仏教渡来のこのような経緯には深入りしないが、日本仏教の歴史的特色について、戦前から戦後にかけて研究の第一人者であった辻善之助（『日本仏教史』第一巻上世篇）の所説を参考にしながらのべておこう。

辻善之助は、「所謂日本仏教の特色の一は、その国家的なることである」という。その理由として以下の諸点を挙げている。

①仏教伝来以来、皇室が保護、発育を助け、聖徳太子によって仏教の興隆と日本化、仏教と国民精神の融合が進んだ

②大化の改新と奈良朝の聖武天皇の時代に仏教によって中央と地方統治の連絡が図られ中央集権がひろがった

③平安時代に入ると、天台真言の両宗が鎮護国家をその標識とした
④鎌倉時代の新仏教も国家主義を強調した
⑤仏教は、氏寺建立など日本固有の祖先崇拝の思想と融合して、いよいよ日本的なるものを生じた
⑥平安時代から発達した本地垂迹の思想も仏教の日本化、国家的になったことを示すものであった

辻善之助は、特色の二として「その現実的であり、実際的であること」を指摘する。世俗の現世利益、個人の息災延命、疾病平癒、雨乞い等々にかかわる祈禱はすべてその例である。また、仏教思想とその影響が、思想と文学、意気、文字言語、印刷、学問教育、医学、喫茶、暦学、芸術、建築、音楽、演劇、経済、食物、社会事業、地方文化など、国民の思想と文化、生活のあらゆる領域の隅々にまで深くしみわたったことを論じている。

東京帝国大学史料編纂所所長の地位にあった辻善之助の古文書史料に関する博識ぶりには脱帽するが、彼の仏教の位置づけと評価の視点については相当一方的であるという感を免れない。中世以前の日本の思想と文化、生活の全般を仏教思想一色で塗りつぶしている。しかし、見方を変えれば、それほど、古代・中世においては、仏教の文化的イデオロギー的支配が大きく、国内にはまだそれに対抗する文化が十分に発達していなかったことを意

味するものであった。黒田俊雄は、宗教思想が中世思想史のほとんどすべてであるかのような見方に異を唱え、「宗教思想史は、多様な思想史の一面であり一部であるにすぎない。けれども、同時に重要なことは、宗教思想以外には中世では体系化された思想はほとんどなかったという事実にも、正当に注目することである」（『王法と仏法─中世史の構図─』法蔵館）とのべている。

辻善之助の上記の説明の中で注目したいのは、「天台真言の両宗が鎮護国家をその標識とした」という説明である。筆者が日本仏教の特色に関する辻の説に注目したのもこの点にあるが、それは後に回して、まずは鎮護国家仏教の定義に進もう。

古代律令国家における宗教統制

鎮護国家とは、文字通り国家を護ること、古代には国家とは天皇と同義であったので、天皇の繁昌を祈願するという意味である。

日本の古代律令国家は、中国唐の時代に構築された鎮護国家仏教とその制度を導入し、仏教を国内政治の補完物として徹底的に利用した。それが、中央と地方を連絡させて全国を統制する国分寺の制度であり、厳しく細かく僧の身分と勤務生活を管理する僧尼の制であり、さらに国家のみが僧たる資格を公認する年分度《ねんぶんど》という得度の制と戒壇建立の勅許の制などであった。これらすべてが、寺院と僧に鎮護国家の機能を担わせる装置であった。

全国の国分寺で僧尼に課せられる読経の内容も統一され、朝廷が指示した『金光明《こんこうみょう》経《きょう》』『金光明最勝王経』『仁王経《にんのうきょう》』を月に一度読んで祈ることが義務づけられた。これらの経典は、唐において、インドからもたらされた経典の漢訳の際に「護国思想的に改竄や付加」が行われた。とくに重視されたのは、『金光明最勝王経』の中の「四天王護国品《ぼん》」で、護国仏教の中心原理を最も体系的に説明しているとみなされた。国家の武威を高め戦勝祈願につながるものとして、四天王信仰が軸になっていた。また、これらの経典の中では、思想的な部分よりも、「国王なり行者なりが発揮する神通力」を説く部分が尊重され、それによって「きわめて呪術的傾向の濃厚な国家仏教」が形成された（以上の説明については、星宮智光「国家仏教の展開」『日本仏教の世界②鎮護国家と呪術』）。

但し、果たして律令国家の時代に「国家仏教」といえるものがどの程度厳密に成立していたかについては、研究者の中に諸説あるようである。国家統制は官寺内にとどまり、他方で国家統制の直接及ばない貴族や豪族の氏寺、私寺が増え、私得度者も増大していった状況を考えると「国家仏教」体制には限度があった。しかし、いかなる仏教寺院も仏教寺院である限り鎮護国家を使命とする、という社会の鉄則が律令国家体制のもとで確立されていったといってもよいだろう。

鎮護国家思想と諸宗派

さて、鎮護国家仏教の性格を次のような広義と狭義の次元で考えたい。

広義には、鎮護国家思想を自らの社会的存立の支柱とする仏教である。南都北嶺の旧仏教の宗派は、すべてこれに含まれる。その中でさらに狭義のものを絞り込むとするならば、「王法仏法相衣」の思想と実践を明確にして鎮護国家を自らの標識にした宗派である。天台・真言はその代表格である。

鎌倉時代から発展する新仏教をどう位置づけるのかは難しい問題である。新仏教は、国家宗教的色彩も王法仏法相衣論的な思想も多少備えている。禅宗はその面が色濃いので狭義の分類のなかに入れてよい。国立戒壇の設置を要求した日蓮宗もそうである。

反面、鎌倉新仏教でも、浄土宗と浄土真宗は国家から弾圧や迫害を受けてきた。「真俗《しんぞく》二諦《にたい》」と称されたその王仏関係に対する理解も他宗と一線を画するものがあった。また、鎮護国家といっても、国家の概念が天皇一辺倒のものでなく、一般大衆的な意味に拡大する傾向も現れてくる。また、真宗の影響のもとでひろがった一向一揆は、信徒の武力であって、僧兵武力ではなかったことも区別を要する。

また、源平の武家勢力が台頭し、武士階級が鎌倉幕府や室町幕府のような政権を独自に構えるようになると、寺院が向き合う相手としては次第にこの武家政権の存在が大きくなる。すなわち、鎮護国家といっても、古代的王朝の護持と民衆救済とさらには武家政権への奉仕という多面的な意味内容を持ったものとなる。あとで説明するが、この武家政権のもたらした秩序を「武法」と呼んでおこう。

2.　最澄の護国思想と「一隅を照らす」

鎮護国家の道場としての天台

最澄ほど、「国のため」を連発した人は宗教界において珍しいだろう。辻善之助は、その宗旨について、「最澄の顕戒論には、国の為に念誦し、国の為に護り、国の為に経を転じ、国の為に般若を講ずということが屢々見える」（『日本仏教史』第一巻上世篇）とのべている。

唐から帰国した最澄は、鎮護国家仏教の新たな指導者として朝廷から最大限の期待を込めて迎えられ、最澄もまたその期待に沿うかたちで天台の宗旨を立てた。桓武天皇は、勅語において、「七大寺、六宗を学ぶといえども、鎮護国家の道場はひとえに叡岳の霊嶋にとどまる」と断言し、最澄もまた、天台の法は鎮護国家の仏法であり、あくまで国教であることを弟子たちに訓えた。このように、「鎮護国家の道場」を宗旨として明言したことが、最澄が鎮護国家の標識を立てたといわれる所以である。

裏を返せば、それだけ朝廷は南都の仏教に限界を感じていたことになる。南都の仏教は「宗派というよりも学派」といわれたりするほど、仏典研究に熱心であったが、鎮護国家の祈願において朝廷に物足りなさを感じさせる面があったのだろう。密教ブームが始まると、奈良仏教には雑密《ぞうみつ》はあったが最新の呪術を知らないことから、南都に見切りをつける空気が高まっていったと思われる。朝廷の南都に対するこうした姿勢がよく見てとれるのは、平安京遷都の際に、南都の諸寺は新京に移ることをまったく許可されなかったことであった。朝廷・貴族は、中国留学生が最新の仏教を持ち帰ることを熱望し、新京がそれにふさわしい受け皿となることを期待した。こうして、最澄と空海を統率者とする平安仏教は、奈良仏教を尻目に、鎮護国家の新しい体制として出発した。

最澄の制定した「山家学生式」

最澄が、護国仏教として天台宗の完成度を高めるために弘仁九年（八一八）に制定したのが「山家学生式《さんげがくしょうしき》」である。山家学生式は、学生に対する厳格な教育方法を定めたものであるが、最澄は、学生を次のように三段階に区別した。

「両業の学生にして十二年間の籠山修学を終ったものは、学行ともに優秀なものは『国宝』として留山し他の学生の指導教育に当る。次に学問のみで実戦のともなわない者は『国師』となし、実践のみで学問のこれに伴わないのを『国用』と名づける。国師と国用とは朝廷の命令によって諸国に派遣され、官民の指導あるいは福祉事業にあたらせたい」（今東光『比叡山延暦寺』）。また、学生には、金光明最勝王経と仁王経を学ばせて、護国の経を身につけさせることとした。

この区分は、キャリア組とノンキャリア組を区別する現代の国家公務員制度を思わせるが、山家学生式の冒頭で、国宝の意味として有名な「一隅を照らす」という言葉が出てくる。「一隅を照らす」は、すでに『史記』にある言葉であるが、その意味は、「直径が一寸もある宝石を十個集めても国宝とは言い難く、社会の片隅にあってその職域に忠実な人、その存在が周囲を明るくするものこそ国家の宝だ」（今東光、前掲）と解されている。現代風にいえば、「教育立国」あるいは「国づくりは人づくり」といった思想であろう。こういう人材育成論を唱え、実際に多数の優れた弟子を養成したところに、法華経伝法の功績とともに、最澄が日本の仏教史上で突出して尊崇される人物の一人となった理由がうかがえる（いまやあまりにも有名になった「一隅を照らす」という語句であるが、実は「照于一隅」は近年の誤読であり、正しくは「照千一隅」で、その意味も違うというのが、近年の有力な説になっている。コラムを参照されたい）。

コラム

「照于一隅」か「照千一隅」か

延暦寺において「一隅を照らす」という言葉が布教活動に使われるようになったのは、昭和四十年（一九六五）に始まった「一隅を照らす」運動（初代会長が今東光）からであるという。しかし、この言葉が注目を浴びるとともに、最澄の自筆本が確かめられるようになった。その結果、自筆本では「于」ではなく「千」であるという指摘が木村周照氏からなされ、園田香融氏から「照千一隅」が正しいとする説が発表された。その後、自筆本における最澄の書体の精査、典拠、さらに「一隅」の意味など活発な論争が繰りひろげられた。そして、今日では「照千一隅」が定説となっている。その意味も、「一隅」は比叡山のことで、「比叡山を守る者こそ千里を照らす」ということになる。佐伯有清氏は、「その背景には、天台宗の年分度者が、多く比叡山から去って法相宗の徒となってしまうという事態があったと考えてよい」と指摘している。但し、延暦寺は、永年の慣習を優先してか、今日に至るも変更を認めていない。

この論争に関心のある方は、佐伯有清『最澄とその門流』、田村晃祐『最澄のことば』を参照されたい。

しかし、その最澄も、国宝を比叡山で養成するための戒壇建立の願いは、存命中には叶わず、勅許があったのは没後七日目であった。もう一つ、人づくりを最大重視した最澄にとって、百年ほどのちの比叡山には夢にも思わなかった事態が訪れた。僧兵が生まれ、世間から悪僧の巣窟であるかのように見られるようになったのである。もちろん、最澄の教えには、鎮護国家の仏教が武力を持ってよいといった論理はまったくなかったのであるが。

空海についてものべておきたい。最澄が唐から法華経を持ち帰ったことと対比すれば、空海は新しい密教、すなわち可視性、実践性、そして直接性と即効性において、当時の日本に最新最強の宗教スタイルを唐から持ち込んだ。

彼の密教は、大日経を前提とし、従来の雑密を体系化したもので純密といわれる。空海は、一方では、曼荼羅絵（両界曼荼羅）によって密教の可視化をひろめ、もう一方では、陀羅尼を唱える護摩法など加持祈禱の儀式を整備することによって実践を充実し、以て現世利益を求める天皇・貴族のニーズに応えた。空海の密教は、貴族階級に支持され、最澄に取って代わるほどの存在となった。一般大衆にもひろく浸透していき平安社会を密教の社会に塗り変えるほどの勢威を示すに至った。空海は、護国の道場の建立を願い出て、朝廷の庇護のもとに高野山の金剛峯寺、京の東寺などが建てられ、国家宗教の拠点であった東大寺別当にも任じられた。加持祈禱の際には、金光明経や仁王経などによる鎮護国家の読経が盛んに行われた。空海が、「鎮護国家を標識にした」といわれるのはその通りである。いうまでもなく、空海の密教教理にも。仏法護持のために武力を認めるといったことは含まれていなかった。しかし、のちには、空海の開いた高野山は破戒僧が出現し、大量の僧兵が山上をうめ、最後は秀吉から武器放棄を迫られる事態となった。空海はあずかり知らぬことであるが。

コラム

顕教の最澄と密教の空海

中国の天台寺院で学んだ最澄は、きわめて完成度の高い『法華経』を持ち帰った。法華経は、『金光明最勝王経』『仁王経』とともに護国三経ともいわれるが、当時の日本にはなかった社会の哲理と人間の心理を包摂する世界観を示したので、法華経は平安貴族のあいだに必須の教養としてひろまった。法華経は、南都の諸宗を圧倒した。他方密教は、空海によって唐からの本格的な輸入と体系化がはかられた。空海は、教相判釈《きょうそうはんじゃく》によって最澄の法華経を顕教《けんぎょう》（秘密ではない教え）と呼び、自らの密教《みっきょう》（秘密の教え）の優位性を誇示した。

実は、顕教だけでは、朝廷の欲求を満足させることはできなかった。息災延命、病気平癒といった現世利益をもたらす強力な神通力、霊力が天皇や貴族から求められていた。律令制国家の時代は、聖武天皇が東大寺大仏建立を発願したり、たびたび遷都を行ったように、疫病の流行や天変地異が多発していたことも、背景にあったのだろう。こうした欲求に応えたのが密教の呪詛祈禱であった。天皇が顕教よりも密教に肩入れする傾向は、空海が帰国したころから熱気を帯びるに至った。法華経の伝法で成功した最澄は、朝廷から延暦寺に与えられた年分度者の専門の一人が法華経でなく密教であったことから、密教伝法の面で空海に遅れをとっていると悟り、空海に教えを請うた。しかし、それが必ずしもうまくいかず、両者のあいだが不和になったことはよく知られている。天台は、最澄没後、円仁と円珍が入唐して密教を持ち帰り、安然が法華経と密教を教学的に体系化して、ようやく顕密の体制を整えるに至った。

なお、空海によれば、顕教と密教の違いおよび経典の位置づけは、永遠不滅の絶対者である大日如来を前提にして、顕教は、衆生を教化するために、大日如来が釈迦如来に姿を変えて現世に現れ、わかりやすく教えを説いたもの（経典は華厳経・法華経・般若経・涅槃経など）、密教は、大日如来が説いた宇宙の真理そのもので、奥深い教えなので容易に明らかにできない秘密の教え（経典は大日経・金剛頂経・理趣経など）とされている。

空海は、顕教は表層の教えで、奥深い真理を秘めた密教の方がまさっているとした。最澄や円仁・円珍は優劣を示さず、法華経の教えと密教を同列視する円密一致を説いた。

筆者のような門外漢には、その優劣はわからないが、天台で顕密一体の教学体制が整えられたことによって以降、両者の優劣は問題にならなくなったと考えてよいだろう。

3. 王法と仏法の関係

「王法仏法相衣」論と「真俗二諦」論

中世仏教の社会的な枠組みを成しているのが鎮護国家のそれであるとすれば、その核心にあるのが王法と仏法の関係である。この関係を対概念として「王法仏法相衣」論を展開し、中世理解の一つのキーワードにしたのは黒田俊雄である（黒田俊雄、前掲）。

黒田は、王法と仏法を中世の社会実体に裏付けられた社会通念であることを強調した。ただ、この対概念が、あくまで鎮護国家思想のもとで成立した特定の関係であることも忘れてはならない。なぜならば、鎮護国家の思想を持たなかった仏教では、宗派が王法と仏法の関係を教理に取り込む必要がなく、そこには仏教本来の思想や教理があるだけである。わが国でも、天皇制国家の解体とともに鎮護国家の思想が消滅した現代において、もはや王法と仏法の関係を宗則や教義に盛り込むような教団はほぼない。

鎮護国家の思想のもとで、仏教と、仏教が奉仕の対象とする国家との関係をどう理解するのかが中心的問題となってくる。この関係は、平安中期の十一世紀ごろから仏法と王法の関係として文書にも頻出するようになり、「王法と仏法は牛角」（慈円『愚管抄』）とか、

「王法と仏法は車の両輪」「鳥の両翼」といった言葉が見られるようになった。王法仏法相衣とは、仏法の役割は王法を護持し、興隆をはかることにあり、王法はそのためにまた仏法の興隆をはからなければならない、つまり両者は相互依存と互恵の関係にあるという意味である。「王法」という言葉は、帝王の守るべき法あるいは定めた法という意味と、世俗の法律や慣習といった意味があるが、あとの世俗云々の方は、鎌倉時代の新仏教が付け足した意味で、本来は前者であろう。「仏法」はずばり仏の教えを意味する。

ところが、鎌倉時代になってから、王法と仏法を必ずしも相互依存とせず、両者を切り離す解釈が生まれてきた。すなわち、仏法と王法の関係について最も深刻な現実に身を晒らされた鎌倉新仏教の浄土宗と浄土真宗である。専修念仏を唱えた法然の浄土宗、その後継者であった親鸞の浄土真宗は、法華経を否定するものとして国家や天台などの既成宗教から弾圧され迫害され続けた。そのために、浄土真宗では、親鸞の時代から「真俗二諦《しんぞくにたい》」の問題を真剣に考慮せざるを得ず、仏法と王法を切り離して仏法の自立性を求める思想が強くなった。さらに蓮如の時代になって、王法は尊重するが、内心においては仏の教えに対する信仰を第一とするという仏法中心主義、いわゆる「信心為本《しんじんいほん》」を打ち出した。もともと「真諦」は空を、「俗諦」は有を意味するものとして古くからあった仏法用語であったが、それが平安から鎌倉時代にかけて、真諦を仏法、俗諦を王法と呼ぶ特殊な使われ方が出現したといわれている（真宗における王仏関係の理解の変遷については、梯實圓『真俗二諦』）。

王法と仏法の位置関係

ここで、問題となるのは、王法と仏法のそれぞれの位置、あるいは両者の社会的バランスをいかに考えるかである。話がややこしくなるので、少し整理しておこう。

王法と仏法の位置関係について、以下のような四つのパターンが想定できる。

①王法が仏法を支配
②仏法が王法を指導
③王法と仏法の分離
④武法（世俗権力）への仏法の随順

鎮護国家の建前からすれば、王法と仏法の関係は対等ではない。仏教は国家に奉仕を求められる位置にある。仏教を国家に奉仕させるための制度的装置を作りあげた古代律令制の時代は、王法が仏法を上から統制支配した関係にあり、①が当てはまる。その宗教政策では、仏法の役割は王法護持にあるが、あくまで非武装である。

しかし、宗教の本質は精神世界であり、その世界に入れば、仏法者が師となり、王といえども弟子となる。空海は平城《へいぜい》天皇に灌頂《かんじょう》したが、天皇への灌頂の儀式は、師資相承《ししそうしょう》の儀式であって、「王法仏法の装置として国立戒壇の比ではない」といわれる。仏の教えと導きを講釈し、天皇に灌頂の機会を与え、加持祈禱の儀式を執り行うことなどを通じて、精神的な優位に立つ。現代風にいうならば「知的ヘゲモニー」「精神的リーダーシップ」を持つことになる。とはいえ、直ちに王法の側から寺院の武力を認める宗教政策が出てくるわけではない。仏法者が主導的な位置につく過程で、王法のための仏法から、仏法あっての王法へという論理の飛躍が起こり、それに伴い寺院武力は王法のためにも護持されるものとなる。それが、②の場合である。

そして、このことが僧兵武力を仏法護持のためのみならず、王法護持のために必要な法力とみなし、神輿や神木で朝廷に強訴するといったかたちで実体化され、中世仏教を武力の正当化に導いたパターンである。これが小論の結論でもあるが、その点はあとでまた取り上げる。

③は、浄土真宗が真俗二諦のかたちで仏法中心主義を掲げざるをえなかった、いわば国家による宗教弾圧の被害者としての立場から生まれた論理である。やや大げさにいえば、近代の「信仰の自由」「政教分離」に近づいていく論理のようなものが芽生えてきたといってもよいであろう。

④は、被害者の論理から生き残りの論理への変質である。鎌倉時代以降、王法よりも武法が世俗権力として社会を支配する時代となり、浄土真宗も、弾圧を免れるために武法には抵抗せず、それに妥協しあるいは中立を装い、流れとしては現実に追随して世俗権力の統制に従わざるをえなくなっていった。浄土真宗の江戸時代以降の歴史の中に、その流れを色濃く見い出すことができる。

ここで、「武法」に触れておこう。この言葉は、朝廷・公家勢力の「王法」、寺院勢力の「仏法」に並ぶ武家勢力の存在を指す筆者の造語である。具体的には、鎌倉や室町、戦国、江戸期の幕府・大名の支配体制を意味する。武力については、すでに触れたように、武士階級の専権とされる。江戸時代には徳川幕府によって朝廷・公家諸法度や寺社諸法度などが制度化され、朝廷・公家も寺院も幕府に完全支配される社会となった。鎮護国家思想と王仏相依の関係は、出る幕がなくなった。消滅したわけではなく、潜在化したのである。

4．武力正当化の論理

王法護持と仏教武力の正当化

仏法が王法を守るといっても、抽象的な精神面だけでは限界がある。そこで、仏法に敵対する者や仏教活動を妨げる者には、しばしば物理的な威圧によって法力を貫徹しようとする傾向が生じる。先ほど触れたように、王法の象徴である朝廷に対しても例外ではなかったわけで、中世寺院の僧兵が、神輿や神木を担いで朝廷に強訴したのはまさにそのような行動であった。物理的威圧に際して、神輿や神木を担ぐといった細工がなされたことは、王法に対する特別な配慮、仏法と王法の関係の確認・再確認を求める儀式的意味合いもあったであろう。僧兵武力を発向する対象が朝廷以外のものであった場合には、武力の発動は神威をかざしたりせず、いつも直接的であった。

かくして、繰り返しいえば、王仏相衣の意識のもとで、王法を護持するための仏法、ひいてはその仏法を護持するための武力というかたちで、寺院武力の論理的正当化がなされた。教団側にいわせれば、自分たちが僧兵武力をもつのは、仏法護持のためであるが、何のための仏法護持かといえばそれは王法護持のためだ、という理屈である。仏法護持のための武力形成にはさまざまな外部要因があっても、それらを超えたところに鎮護国家仏教としての内在的論理があった。これが、小論の理解である。

上記の説明を裏付けるはっきりした史料があるわけではない。しかし、今まで何度も引き合いに出した天台座主《ざす》の良源が護法のための僧兵を認めていたことは、単に仏法護持にとどまらず、それがひいては王法護持にもつながることの基底認識があってのことだろう。また、延暦寺が、康永四年（一三四五）の天龍寺供養事件（禅宗の天龍寺を勅願寺として造営することに延暦寺が反対して強訴した事件）の際に「王道の盛衰は、仏法の邪正に依る。国家の安全は、山門の護持に依る」とのべて、自分たちがいかに護国のために尽力してきたかを朝廷に訴えた（日置英剛編著『僧兵の歴史』）が、これも、護法のための武力を正当化した言い分であったとみなしてよい。良源の登場する平安中期のころから戦国時代にかけて、寺院では当たり前のごとく、護法のための僧兵という認識を武力正当化の拠りどころとしたことは疑いない。

僧兵の「必要悪」論

しかし、仏法と王法のこうした位置関係に転換をもたらしたのは、宗教的な理由だけではなかった。そこには、古代律令制の崩壊に伴う中世仏教の政治的経済的な枠組みの変化という現実的背景があった。政治的には、仏教の貴族化、世俗化といってもよい現象であり、経済的には寺院が土地の寄進を受けて大地主化、領主化していったことである。寺社の領有する荘園は寺社の経済的な維持と宗門の興隆を支える経済基盤であったので、この面では、朝廷が任命した国司や郡司とのあいだ、あるいは他の寺社とのあいだでの領地争いが絶えなかった。寺社は、貴族との癒着を深めて有利な政治的解決を引き出そうとし、場合によっては朝廷に強訴して力で対決した。

僧兵については、現代の評価のなかでは、宗教上の理由よりも、現実主義的な判断からやむを得なかったとする、「必要悪」論が少なくない。否、かなり強いといってよいかもしれない。冒頭で紹介したように、とくに宗教家の中にはそうした意見が多いように感じられる。彼らは、僧兵は悪僧であっても、もしも、既成権力や他宗派に対して武力による抵抗や対抗がなかったら、法流は守られず、現在に生き延びることはなかったという。何よりも、法流の存続第一が、宗派を問わずこれまた共通の特色であるといってよい。

また、僧兵出現の経済的背景を重く見て「必要悪」論を唱える歴史研究者の見解もある。佐藤弘夫氏は、「律令制支配の崩壊は、そこに全面的に依存していた国家的寺院＝官寺にとっては、ほとんど致命的ともいいうる打撃であった。その深刻さはたとえていえば、現在の国立大学が突然国からの予算を打ち切られるにひとしい意味をもっていたのである」

とし、寺院のサバイバル作戦は貴族と手を結び、新たに荘園を獲得していくことであったが、荘園の管理には強力な武力を持つことが不可欠な条件となった。かくして、「僧兵は、延暦寺の荘園領主化＝世俗化が生み出した必要悪ともいえる存在であった」とのべている（佐藤弘夫「比叡山の宗教伝統」『日本仏教の世界③法華経の心理』所収）。

これは、国立大学に定年まで身を置いて、大学法人化と補助金の削減を体験した筆者にはまさに身につまされる説明である。否定したくはないが、問題は、僧兵武力を持つことが、王仏関係のなかでどのように論理的に合理化されたのかである。あるいは、第二章で触れたように、世界に日本の僧兵の存在を紹介した朝河貫一博士が投げかけた「平和と慈悲の奉仕者たちが、如何にして自己の職業のもっとも基本的な原則を侵犯するにいたったのであろうか」という問題をどう究明するかである。

鎮護国家と仏教戒律の空洞化

あらためて考えてみると、そもそも鎮護国家の核心である王仏帰依の関係には、仏教側の戒律と矛盾する論理が胚胎しているといわなければならない。

王法では戦争と兵士による殺生は肯定される。これに対して、仏教でいくら戒律で第一重戒として出家・在家の殺生を禁止している建前であっても、在家が国家の戦争に兵士として招集され人を殺すことについて戒律違反だとして反対することはできない。このことを理由に、在家が戦争従事や戦場での殺生を拒んだという例はあまり聞かないが、抵抗したという例は少なくなかったであろう。しかし、鎮護国家思想のもとでは、国家の戦争は一大国難であり、護国のために戦勝祈願を行うなど、王法の進める戦争への協力が使命とされた。つまり、鎮護国家思想には殺生肯定、少なくとも在家信者の戦争従事時の殺生肯定という、仏教戒律の空洞化と矛盾が必然的に内在するのである。

こうした戒律空洞化が日本の歴史上にもっとも鮮明かつ大規模に出現したのが、明治になってからの鎮護国家体制であった。

5．鎮護国家思想の復活と終焉

明治憲法と鎮護国家の復活

王法と仏法の関係は、明治時代になって復古した。

「神話から出発した」といわれる明治天皇制国家は、ある意味では古代国家よりももっと厳しい宗教支配に乗り出した。初期の「神仏分離」「廃仏毀釈」の断行に続いて、明治政府の宗教政策では、国民個人の内心にかかわる信仰の自由は認めるが、組織としての宗教は政府の許可なしに施設を建設したり施設の外で宗教儀式を行ったりすることは許されなくなった。信教の自由も、大日本帝国憲法で、「日本臣民は安寧秩序を妨げず及び臣民たるの義務に背かざる限りにおいて信教の自由を有す」（第二十八条）と規定された。

僧も、国民皆兵のもとでは兵役を免れることができなくなり、僧衣を軍服に着替えて殺生に従事しなければならない時代となった。宗派の中には、国家に追随して教義上公然と戦争協力を認めるところまで出てきた。他方で、不敬罪によって少なからぬ宗教団体が厳しい統制と弾圧を受けた。こんなことは古代国家においてもなかった。

延暦寺の幕末・維新期の対応はどうであったか。仏教史家の村山修一氏は、「倒幕の風潮が高まる中で山門としては朝廷に叛くわけでもなく、さりとて幕府方に立つつもりもなく、往古の毅然とした態度はとりえず、尊王攘夷双方から白眼視され、ただいかにして時局を切りぬけるべきか腐心していた」とし、また、明治元年には、「尊王遵奉の功を立てるよう座主宮及び青蓮院・妙法院両門室から仰出されたのに基づき、山門では五百人の僧兵と三門跡の御家士から募った人数を以て一個大隊を組織し、坂本の警備に当りたいと願い出て許された」（村山修一『比叡山史』）とのべている。鎮護国家思想と僧兵武力の復活を思わせる様子が一時出現したのである。

浄土真宗は、この明治天皇制国家にどう対応したであろうか。明治期になると真俗二諦論は、明治十九年に制定された旧宗制の中に取り入れられて、「教義理解の基本的な枠組み」となった。「俗諦」では「王法を遵守する」と規定されて、王法とは帝国憲法と教育勅語のことを意味した。しかし、この浄土真宗でさえも、昭和になってから戦争協力の真っ最中に、軍部から、皇室を「俗諦」と称し仏法の下に置くのは何事かと、宗制の中の「真俗二諦」の語句の抹消を迫られた事実がある。敗戦によって帝国憲法と教育勅語が失効するとともに、真宗の新宗制からは、真俗二諦の語句も消えた。

東本願寺の管長であった梯實圓《かけはしじつえん》氏は、真俗二諦説は教団が幕末から明治にかけて動乱を乗り切るのに好都合な学説であったとし、「政治権力がどう変わろうと、真宗そのものは変わりなく存続できるようになっている」「俗諦の内容において、随順すべきものが徳川将軍であれ、天皇であれ、民主主義の憲法であれ、別に問題にならないわけです。これはある意味では、おそろしくしたたかな、まるで昔の大阪の船場の商人のような生き方ですね」と語っている(梯實圓『真俗二諦』)。

信仰の自由と鎮護国家からの解放

王法による仏法支配が終焉し、国家権力による信仰の緊縛状態から国民が解放されたのは、敗戦と日本国憲法の制定によってである。新憲法によって、国民主権、信仰の自由の保証、政教分離といった新しい国の原則がうたわれたが、それは同時に、日本の仏教にまったく新しい出発をもたらした。

しかし、それから戦後六十年以上の年月が経って、経過と現状を眺めると、果たして満足すべき状況にあるといえるだろうか。一部には、あくまで戦前の反省を拒否し、すきあらば愛国主義や伝統主義のかたちで鎮護国家の思想の復活を期待する保守的勢力が存在している。そうした勢力を、過去の遺物として無視するわけにはいかない。他方、多くの宗派・教団は、戦争協力に対する真摯な反省の努力を払ってきた。それでも、自らの教義の明確な変更や新しい解釈を作り出すことは容易ではないようである。梯實圓氏は、浄土真宗において真俗二諦の言葉を今後使うのか、使うにしても教義上の解釈をどう創造的に見直すのか、という課題を抱えていることを指摘している（この点については、紙幅の関係で詳しく紹介できないが、代わりに梯實圓氏の講演録『真俗二諦』を参照されることを勧めたい。筆者は、この小冊子から教えられることが大きかった）。

宗教と武力の関係は過去の問題ではない。むしろ、近年、世界でも日本でも重大な関心を高めている。こうした状況を目の当たりにするとき、われわれにとって、日本仏教の出発点から歴史のメインストリームをなしてきた鎮護国家の思想とは何であったかをあらためて考えてみることは、決して無駄なことではない。

■参考文献

日置英剛編著『僧兵の歴史』戎光祥出版、二〇〇三年
今東光『比叡山延暦寺』淡交社、一九六九年
辻善之助『日本仏教史』第一巻上世篇、岩波書店、一九六九年改版
佐伯有清『最澄とその門流』吉川弘文館、一九九三年
田村晃祐『最澄のことば』雄山閣、一九八五年
星宮智光「国家仏教の展開」『日本仏教の世界②鎮護国家と呪術』集英社、一九八九年
佐藤弘夫「比叡山の宗教伝統」『日本仏教の世界③法華経の心理』集英社、一九八九年
黒田俊雄『王法と仏法―中世史の構図―』法蔵館、二〇〇一年
阿満利麿『日本人はなぜ無宗教なのか』ちくま新書、二〇〇七年
村山修一『比叡山史』東京美術、一九九四年
梯實圓『真俗二諦』本願寺出版社、一九八八年
宮田幸一「日本仏教と平和主義の諸問題（1）（2）」『創価大学人文論集』第十六号、二〇〇四年
新野和暢『皇道仏教と大陸布教』社会評論社、二〇一四年

第六章　延暦寺と三井寺

――分裂と抗争の理由――

武力抗争三百年の理由を探る

中世には寺院間の武力を伴う抗争が多かった。南都では東大寺と興福寺、北嶺では延暦寺と園城寺《おんじょうじ》（三井寺）、南都と北嶺の間では興福寺と延暦寺などの抗争が有名であり、寺院間の抗争は寺院が僧兵武力を発達させることになった有力な要因の一つである。それらは朝廷が裁定する権益、荘園領地の争いなどを原因とする対立が多かった。

しかし、その中で異色の対立といってよいのは延暦寺（山門）と三井寺（寺門）である。正暦四年（九九三）に天台宗門が分裂して山門と寺門とに分かれたが、以後ざっと三百年（両門分裂から秀吉による三井寺闕所《けっしょ》までとすると約六百年、十回にわたる焼き討ちの期間に絞ると三百年）ほどにわたって焼き討ちなど熾烈な抗争を繰り返した。それは、まるで日本の中世を彩る宗教戦争の一つといってもよかった。対立は円仁《えんにん》（慈覚《じかく》大師）派と円珍《えんちん》（智証《ちしょう》大師）派のあいだで生まれ、その後の経緯はだいたいわかっている。しかし、いかなる理由によってあれほどの非和解的、仁義なき抗争を何百年も繰り返したのか、というのが率直な疑問である。円仁派と円珍派の対立の本質は何であったのか。教義の問題か、それとも宗門間の権力争いか。両門が暴力を否定し和解する機会はなかったのか。

1．山門と寺門の対立の原因

円仁派と円珍派の対立

円仁と円珍が、最澄のあとを受け継いで天台仏教を振興させた業績は、日本仏教史上においても高く評価されている。それぞれ入唐して最新の教義を学び取り、たくさんの経典を日本に持ち帰った。また比叡山の伽藍の整備と教義の発展に尽力した。当時仏教研究で先んじていた南都の六宗は、それぞれに中国渡来の宗派の教義を研修する場、いうならば「単科大学」であったが、比叡山延暦寺は、円仁と円珍のおかげで、天台宗だけでなく、諸派に開かれた一種の「総合大学」となった。比叡山では、ここで研修した僧のなかから一宗派を創る人材が続々と輩出した。しかし、そこに、日本仏教の特質の一つとして、「宗祖仏教」「宗派仏教」といわれる宗派形成の有り様が注目される。

仏教の経典は八万種を超えるといわれる。日本の仏教の宗派は、特定の経典を重視しない禅宗を除いて、それぞれよりどころとする経典を持っているが、宗門の成立という視点から見れば、経典より重要な役割を果たすのは宗祖がのべた教義である。宗祖の教義は、宗祖による経典の解釈や新たな肉付けを内容としたものであり、宗門内ではいわば原典のような位置を占めることになる。そして、宗門は、宗祖亡きあと拡散や衰退の過程をたどり、優れた後継者が出て中興の祖となって活力を取り戻す場合もあれば、宗内で勢力間の亀裂が生じ、やがて分派・別派が形成される場合もある。

円仁と円珍は、比叡山が最澄によって開かれてから歴史が浅く、また南都の官寺に立ち後れていた状況にあって、入唐求法、天台教義の興隆、伽藍の整備といった課題に取り組み、一致結束して天台の発展に尽力しなければならなかった。この二人が生存していたあいだは公然たる寺内勢力の反目はなかったが、実は最澄がまだ存命中に、最澄の後継の貫首は誰になるのか、最澄の弟子の円澄か、最澄の直弟子ではなく別院から来た義真かという問題に僧たちは関心を募らせていたのである。円珍は、存命中に不和の強まりを危惧して、両派が和合に努めるよう諭す制誡文を残している。そして、円珍の死後、円珍の心配したように、円仁の弟子たちと円珍の弟子たちのあいだで反目が表面化するに至り、第十八代良源の時にそれは最初のピークを迎えた。

対立の本質は何であったのか。結論的にいえば、教義上の相違というよりも、基本的には勢力争いであった。具体的にいうと、最澄直系の円仁派の弟子たちと義真直系の円珍の弟子たちによる天台座主《ざす》のポスト争いである。対立の究極の要因は、まずはこれに尽きる。これが、その後において、俗界の権力闘争に勝るとも劣らない焼き討ちや合戦を伴った激しい武力抗争に発展したのであるから、現代のわれわれの感覚を以てしては驚きを禁じ得ないが、比叡山の諸勢力にとっては譲歩することなど絶対にありえない死活の問題であったのである。両門分裂後は、これにもう一つの対立が加わった。三井寺の戒壇設立問題である。

初代から第二十代までの天台座主を一覧表にしたので、それを見てみよう。

天台座主と門流　―初代から第20代まで―

宗祖	最澄	
初代	義真（修禪大師）	
第２代	円澄（寂光大師）	
第３代	円仁（慈覚大師）	義真系
第４代	安慧	慈覚派
第５代	円珍（智証大師）	義真系
第６代	惟首	智証派
第７代	猷憲	智証派
第８代	康済	智証派
第９代	長意	慈覚派
第10代	増命	智証派
第11代	良勇	智証派
第12代	玄鑑	智証派
第13代	尊意	智証派
第14代	義海	慈覚派
第15代	延昌（慈念僧正）	慈覚派
第16代	鎮朝	慈覚派
第17代	喜慶	慈覚派
第18代	良源（慈恵大師）	慈覚派
第19代	尋禅（慈忍和尚）	慈覚派
第20代	余慶（観音院僧正）	智証派

辻善之助『日本仏教史』第一巻上世篇より作成

義真が初代を務め、第二代から第五代までは両派の交代になっているが、第六・七・八代は円珍派、第九代は円仁派、第十代から十三代までは円珍派、第十四代から第十九代までは円仁派がポストに就いている。

天台座主とは、どのような権限を有する地位にあるのだろうか。

天台座主は、「同宗の統括者であるとともに、延暦寺の最高管理者として比叡山で行われる受戒をはじめとする法会儀式を統括し、寺領荘園までも管理」（『新修大津市史』古代第一巻）する地位にあった。まさに宗門最高の権力者である座主のポストに、三代以上も続けて一つの派から任命されるということは、その派が比叡山全体を制する支配力を長期にわたって形成・保持することを意味した。逆に、座主職から外された門流は、「山外に活路」を求め、末寺の職に甘んじるしかなかった。

そして、第十八代に強力な指導力を備え、のちに「比叡山中興の祖」と呼ばれる良源が登場したことで、円仁派の勢力が全盛を極めることになった。同時に、両派の不和は決定的な局面を迎えたのである。

抗争の経過

両派の争いの経過をわかりやすくするために、少し詳しくあとを追ってみよう。

なお、以下の記述は、辻善之助『日本仏教史』（第一巻上世篇）において詳述されている「院政以前における山門寺門の争」「白川上皇院政時代僧徒の凶暴」「鳥羽上皇院政時代僧徒の凶暴」の各項をもとに、さらに『新修大津市史』（古代第一巻）から適当に補足したものである。

〔第一幕〕　最初の公然たる争いは、良源がまだ座主の地位にあった天元四年（九八一）、三井寺の長吏余慶が朝廷から法性寺座主に補任されたことに対する円仁派の反対から始まった。円仁派は、法性寺座主は九代続いて円仁派から任命されており、円珍門下から任命されたことがないと異議を唱えた。朝廷は、人物次第の任命であって必ずしも円仁派に決まっているポストではないとしたが、円仁派は聞き入れず、関白藤原頼忠の邸宅に押しかけ乱暴を働いた。山上は険悪な雰囲気となり、円珍派は、余慶をはじめ山を下りて、円珍が天台別院として再興していた三井寺に入った。山上には円珍の経蔵を守る僧がいなくなり、朝廷が勅によって近辺の僧に守護させる事態となった。余慶は法性寺座主を辞退した。

〔第二幕〕　永祚宣命事件といわれる。良源が永観三年（九八五）に没し、永祚元年（九八九）その弟子尋禅が第十九代座主となったが、同年九月本人がこれを辞したので、朝廷が余慶を後任に任命したことから紛争が勃発した。円仁派の山徒は、天台座主は近頃すべて円仁門流であり、円珍門流から補任されるならば講堂を開かないと固く戸を閉めてしまった。朝廷は座主宣命使を山上に派遣したが、山徒は登山を妨害し、宣命を奪い取り、宣命使を追い返した。朝廷は、同年十月検非違使の護衛のもとに宣命使を山上へ派遣して、宣命を読み上げさせ、補任を強行した。これによって余慶は天台座主となったが、衆徒が妨害して寺務や受戒灌頂を行うことができず、わずか三カ月で辞した。

〔第三幕〕ついに比叡山に決定的な分裂をもたらした抗争が起こる。正暦四年（九九三）七月、余慶の弟子が西坂本にある円仁遺跡の赤山禅院を襲って損壊した。これに報復するため、八月円仁派は山上内にある円珍派の千手院をはじめとする坊舎、堂宇を破壊し、一千余人を残らず追い出した。追い出された僧たちは、円珍の影像を背負い、山を下って三井寺に入った。このときから、両派は山門の延暦寺と寺門の三井寺に分裂した。

〔第四幕〕それから四十五年後、長暦二年（一〇三八）円珍門流の明尊が天台座主に任命されるとの噂が立ち、山徒が反対する訴状を朝廷に出したことから争いが起こった。これをめぐる両門の言い分のやりとりについては、次節で紹介するが、円仁派の山徒は、関白頼通邸を襲い、頼通側も兵を派遣して戦いとなった。このときには、結局山徒側の要求が通って円仁派の教円が第二十八代座主に補任されている。一時事は収まったかに見えたが、同年五月三井寺は戒壇建立を朝廷に願い出た。当然の如く山門は反対の訴状を出した。このときの両門の言い分についても次節で紹介する。朝廷では評議がなされたが、天皇も関白頼通も決断することができなかった。両門の対立は緊迫感を増し、長久元年（一〇四〇）

に再度朝廷の評議がなされ、翌年の長久二年に諸宗の賛否を尋ねたところ、南都の諸宗は建立を可としたが、延暦寺のみが不可とし、結局うやむやとなった。三井寺側は、戒壇建立がだめなら明尊を天台座主に任命するよう望んだ。教円が没した翌年の永承三年（一〇四八）、明尊は第二十九代座主に任命されたが、寺務を遂行できず、わずか三日で辞した。この二十年余りのち、三井寺は戒壇設立を願い、延久二年（一〇七〇）に朝廷は諸宗の意見を徴したが、またもや結論は出なかった。

〔第五幕〕　永保元年（一〇八一）に起こった争いである。坂本の日吉社の節会における大津の下人と山門の下人のいざこざに端を発し、四月の日吉の祭りで合戦寸前の状態にまで緊迫し、六月に至ってついに叡山の衆徒数千人が武装して三井寺を襲い、火をかけた。被害は甚大であったが、三井寺は、これに報復しない代わりに戒壇建立の許可を朝廷に訴えた。一方、三井寺も九月三百人ばかりの僧徒が山門を襲ったが、死者を出して撃退された。山門の衆徒たちは報復のため再び三井寺に焼き討ちをかけ、前の焼け残ったところをことごとく焼いた。三井寺初度の炎上である。朝廷は、この間検非違使によって抗争の首謀者を捕らえたりしたが、争いを阻止することはできなかった。

両派・両門の抗争が始まってからここまでで百年余り。辻善之助は、「この後屢屢焼打が行われ、以て院政時代に及び、源平の争に両門別れ属し、両門の争は一宗内の事件に止まらず、政治に関係するようになる」とのべている。

さらにその後を続けると、永保年間の焼き討ちから四十年後、保安元年（一一二〇）三井寺が山徒によって再び焼き討ちされ一宇も残さず炎上する事件が起こった。二度目の炎上である。きっかけは、大津浦の領地争いで、大津浦は山門と寺門の支配が入り組んでいたので、争いになりやすかった。このころ、三井寺は、円珍門下の者は山門の僧を伝戒師としないという起請を立てている。

保安の焼き討ちから二十年後、保延六年（一一四〇）、三井寺は、寺主の子が山門の下僧を殺害した事件をきっかけに攻撃されて、全焼した。三度目の炎上である。

その後、三井寺は、応保二年（一一六三）に四度目、建保二年（一二一四）に五度目、文永元年（一二六四）に六度目、文保三年（一三一九）に七度目の焼き討ち・全焼の被害に見舞われている。このように、焼き討ちにあって炎上した年が最初の永保から保安、保延、応保、そして建保と保の字が並んで、しかもいずれも厄年であったので、三井寺の老僧が「保の字のつく時三井寺焼失す」と嘆いたといわれている。

山門と寺門に分裂しても、天台座主ポストをめぐる争いは終わらなかった。既述のように、寺門から出た第二十九代明尊は四日で辞職に追い込まれ、第三十一代源泉は在職三日、第三十四代覚圓は三日、第三十九代増誉は翌日辞職、第四十四代行尊は六日、第四十八代覚猷は三日、第五十代覚忠は三日という有り様であった。このように、山門が一貫して寺門からの補任を拒否したために、文治六年（一一九〇）に公顕が第六十代座主に補任された（在職四日）のを最後に、寺門からの補任はまったくなくなった。

しかし、両派の分裂によって、もう一つ争いが加わった。すなわち三井寺の戒壇設立問題である。これが、根本的対立の原因の二つ目に挙げられる。

2．延暦寺と三井寺の言い分

「本寺・末寺」争い

天台座主のポスト争いと三井寺の戒壇設立問題が両門対立の根本的原因であったが、それぞれの問題には、両門のどのような主張がからんでいたのだろうか（以下の両門の言い分については、辻善之助『日本仏教史』第一巻上世篇の関連箇所を要約した）。

天台座主のポスト争いでは、「本寺・末寺」争いの議論がたたかわされた。本末の基準は、創建に由来する正統性である。

すでに触れたが、長暦二年（一〇二八）二月、円珍門流の明尊が天台座主に任じられるという噂があったので、山門側が、「寺の貫長は山に住んで修行と学問をするのが本務であるが、円珍の門流は別院を建て、山での勤めを放棄している。このような者を貫長にすることはあってはならない」とする訴状を朝廷に上げた。寺門側は、早速「明尊は知行兼備でふさわしい人物であり、別院建立は仏法の交流と普及の基盤である」と反論し、これより議論が繰り返されることになった。基本的な争点となったのが、どちらが本寺か末寺かである。山門側が「園城は延暦の末寺である。末寺の僧侶を本寺の貫首とするわけにはいかない」というと、寺門側は「山門寺門はもともと同等で、本末の違いはない。強いて本末を論じるなら、寺門を本、山門を末とすべきである。なぜなら、その建立の前後でいえば、園城寺は天智天皇の創立、延暦寺は桓武天皇の建立であり、こちらの方が百年以上先であって、先をもって本、後をもって末とすべきである。また、両寺の位についていえば、三井寺は天智天皇の御願、叡山の三塔は伝教・慈覚の建立であるから、尊卑を見て、本末を知るべきである」と主張した。

この本末問題は正統性の認識と継承をめぐっての争いなので、互いに譲ることのできないものであった。あれこれ探せば、両門にはほかにも自分に有利な論点はあったであろう。しかし、比叡山の永い歴史において、最後まで両門の和解を妨げた根本的理由は、正統性にかかわるこの「本末」問題にあったと考えてよい。

三井寺の戒壇設立要求

次に、三井寺の戒壇設立要求の主張と、それに反対した山門の言い分を見てみよう。

三井寺が戒壇要求を朝廷に願い出たのは、明尊の座主問題のときであるが、その背景には、寺門として苦しい立場があった。大乗戒壇を管理する山門側は、両門分裂後、寺門の沙弥《しゃみ》（比丘になる前の少年僧）の受戒を妨害し、寺門側は南都東大寺の小乗戒壇で受戒するようになった。しかし、南都での小乗受戒は最澄の意志に背くことになるので、独立戒壇の建立がめざされることになった。

寺門側は、「天台菩薩の大戒は、義真・智証の正流である三井寺が伝えるべき」と主張した。これに反対して山門側は、「戒は和合をもって行うのが本来で、一宗両戒があるのはすでに不和である。三井寺がそうした要求をするのは止めさせるべきである」とした。これに対して、寺門側は、「山門の言い分には道理がない。たとえ一宗であっても、寺院が異なれば戒壇が別であって何の問題があるか。すでに天竺の祇園精舎には両壇が立っていた。一宗両壇を妨げるものは何もない」と主張した。さらに、寺門側は、最澄・円仁と義真・円珍の天台戒壇の件へのかかわりを比べ、最澄は戒壇建立をめざしながら生存中は果たせず、義真が座主となって認められ、これが伝戒の始まりであったが、円仁は東大寺で受戒し、天台の戒壇には登らなかった。智証は義真に従って登壇受戒し、しかも初めて開牒を制して、後代の規則となった。「然らば則ち天台一乗の円戒は云教行わず、慈覚受けず、ただ義真・智證ありてこれを伝う。之に因て観れば、寺門はこれ山家円戒の正統なり」とのべた。

寺門は、朝廷が山門の反対に押されて認可を下さないために、南都受戒を続けざるをえなかった。そして、応保二年（一一九二）に寺門の覚忠が第五十代天台座主に任命されると、山門は、覚忠が南都受戒者であるという理由で拒絶した。これによって、三井寺の戒壇問題は、南都にも飛び火し、興福寺は、最澄・義真が南都で受戒したのだから、延暦寺は興福寺の末寺となるべきと奏上する有り様であった。

この場合の争いは、一宗二門の戒壇が認められるか否かである。朝廷では会議が二度催された。南都の諸寺は三井寺戒壇に賛成したが、延暦寺が徹底反対したために結論は出されず、その後永きにわたってくすぶり続ける火種になった。筆者の見方では、上述した言い分を見る限り、説得力という点では三井寺に利があると思われるが、現実には、戒壇を有し腕力にまさって朝廷に強訴を行った延暦寺の圧力が勝ち続けたという印象である。

3．朝廷の権限と役割

宗教的権威と戒壇設立

戒壇とは、出家した者が僧となるための授戒が行われる場所、言い換えれば仏教の戒律を守り教義を修めることのできる僧を正式に認定する機関である。戒壇建立がいかに宗教上決定的な重大事かは、仏教伝来ののち、国内に正式な伝戒師がいないために天平勝宝六年(七五四)に中国からわざわざ鑑真を招聘して東大寺に戒壇を設けたことを想起すればわかる。

天台開祖の最澄にとって何よりの悲願は大乗戒壇の建立であった。当時、戒壇が設立されていたのは東大寺、下野の薬師寺、西国の筑紫観世音寺の三寺(のちに唐招提寺)のみであった。しかし、生存中は勅許が下りず、最澄は南都の小乗戒壇で受戒しなければならなかった。最澄の没後まもなく弘仁十三年(八二二)延暦寺は戒壇建立を認可された。しかしこの時には、延暦寺のそれは大乗戒壇であったので、小乗戒壇の具足戒を否定するものだという理由で、南都は猛反発している。

南都や比叡山の大寺院にとって、鎮護国家を標榜する以上、「その宗教的権威の優越性は王法にいかに優遇されているか、またそれと密接な関係をもっているか」(『新修大津市史』古代第一巻)が決定的であった。王法とは朝廷＝天皇であり、具体的には朝廷から戒壇建立を認められて年分度者を出すこと、座主など上級職を朝廷から公職として任命されること、がその証明であった。宗門分裂後の三井寺にとって、独自の戒壇を持たなければば、対立する山門や南都の官寺に頭を下げてお願いする以外に僧を正式に育成する方法がなかった。それは、屈辱的立場に置かれるとともに、戒壇がない限り鎮護国家の宗教的権威を保持することができず、「無能」呼ばわりに甘んじなければならないことを意味した。したがって、三井寺は、院政時代にも鎌倉時代にも、山門と激しくたたかいながら独立戒壇設置運動を展開した。

朝廷への願い出が山門によって妨害され続けたため、三井寺は文永元年（一二六四）および文保三年（一三一九）の二度にわたって、ひそかに自前で戒壇を建立し受戒することまで試みている。しかし、その都度山門による大規模な焼き討ちがなされた。このあと、三井寺の設置運動は消えてしまい、三井寺はついに戒壇を築くことはできなかった。

ここで見ておかなければならないのは朝廷（天皇）の権限と位置である。

座主などの上級僧職の任命権と戒壇建立の許可権は、朝廷の側にあった。座主は、朝廷が太政官符をもって任命する公的な役職であった。戒壇建立は天皇の勅許が必要であった。延暦寺と三井寺のあいだで繰り広げられた天台座主の補任や戒壇の設立問題は、朝廷を相手とする陳情となり、朝廷を中に挟んで寺院間の争いが展開された。延暦寺は、朝廷には強訴、三井寺には焼き討ちというかたちで、僧兵の武力をその都度発動した（辻善之助によれば、戒壇設立問題で、三井寺の要求潰しのために行われた強訴は五回を数える）。三井寺には、朝廷に訴える、あるいは延暦寺と反目していた南都の支持を取り付ける以外に対応の方法がなかったが、鎌倉時代になると、源氏と結びつきを深め、その力を借りてしきりに要求の実現を図ろうとした。

朝廷の態度は、よくいえば慎重であるが、実際は曖昧に揺れ、評議を行っても結論を出さず、うやむやに終わるだけであった。寺社間の争いや僧兵の各地での盛んな動きに対して、朝廷では取り締まりの方針が立たず、「主義が一貫せず、朝には山徒の言に聴き、夕には南都の大衆の訴を容れる」（辻善之助『日本仏教史』第一巻上世篇）という具合であった。しかし、そうしたこととは別に、朝廷は上級僧職の任命権を利用して、天皇親族や貴族子弟の寺社への天下りを盛んに行うようになった。寺院側もその受け皿として世襲的な院家を作るようになり、大寺社の上級僧の貴族化と僧侶の身分的秩序の形成が進んでいった。

4．共存共栄の思想がなかった

自己絶対と敵対者排斥

山門と寺門の抗争は、妥協も和解もない抗争であった。なぜこうした争いが際限なく続いたのか。渡辺守順氏は、「共存共栄の思想がなかったので、山・寺両門の抗争はいつまでも続いた」（『僧兵盛衰記』）と指摘している。天台という同一宗派の中で座主ポストという最高権力支配をめぐって内紛から分裂に至ったその経緯を見れば、とても共存共栄の思想が芽生える余地などありえなかっただろう。しかし、本来、自己絶対と敵対者排斥は宗教宗派のこれまたよくある特質である。

両寺の武力の比較では、僧兵の数は延暦寺三千人、三井寺一千人ほどであったといわれている。兵力の大きさは、寺院の経済力を反映するので、延暦寺の僧兵の数の大きさは延暦寺の寺領がそれだけ大きかったことの反映である。三井寺が実際に武力抗争で動員した僧兵の数は、数百人であったと想像される。繰り返された焼き討ちによる三井寺の被害は時には堂宇の大半が焼き払われるなど甚大で、しかも戦闘では三井寺側が一方的に敗退するケースが多かった。

しかしそれでも、三井寺が歴史上一度も降伏したり、和平の仲裁を求めるといった様子はなかった。何度となく焼亡の目にあっても、「不死鳥」のように再建され復興した。いやむしろ、そのたびに伽藍はより立派となり堂宇も増えたので、表現は悪いが「焼け太り」した感がある。それだけ、復興を応援した勢力が、あるときは朝廷・貴族、あるときは南都の諸寺、またあるときは源氏の武将たちと、絶えることがなかったのである。

山門と寺門の抗争について、天台宗という同一宗派内の争いであるから「内紛」であるとする見方があるかもしれない。しかし、分裂後、寺門は間もなく天台別院であることをやめ、独立した存在となった。第百六十二代長吏福家《ふけ》俊明《しゅんみょう》氏は、智証大師一千百年御遠忌記念で刊行された写真集『不死鳥の寺　三井寺』（一九九〇年）の中で、「このこと（分裂）があって後、三井寺は延暦寺別院の性格を一新し、智証寺門流の根本道場としての独自の道をあゆむことになった」と書いている。内紛といえる状態は九九三年以前までで、円珍派の全僧侶が山を下りて二度と山上に帰らなくなってから後は、独立寺院間抗争として扱うべきだろう。

「三方損」の抗争

最後に、延暦寺と三井寺の抗争は、わが国の仏教史上何かプラスに評価されるものがあっただろうか。

宗派間の対立と競争は教義の変革と発展を生む、という見方がある。わが国の古代における南都と北嶺、中世における旧仏教と新仏教の争いは、確かにそうした見方もある程度うなづける。延暦寺と三井寺の抗争についてはどうであろうか。渡辺守順氏は、「もし、山門寺門が激しい抗争をくりかえさなかったら、両寺の発展は大きくなかったであろうという考えがある。あれほど激しく争って、寺門の堂塔はしばしば山門に焼かれ、僧兵たちの死者も多くでたのに、かえって、復興の時はよりよき堂塔を再建した。戦国の武将であれば負けた方は一族すべて殺害され、完全に滅亡してしまうのだが、仏教の場合は、滅びるどころか、かえって逆に発展したのである」（渡辺守順、前掲）とのべている。

しかし、筆者は、この見方には少し距離を置きたい。座主のポスト、別戒壇設立の是非を争点とした抗争は、山門・寺門双方にとっても天台宗全体にとってもみるべき益はなかったのではないか。あったのは、寺宝の損失、堂宇の破壊、怨念と復讐心、僧兵たちの人命の損失、僧の「悪僧」イメージの強まりである。あいだに挟まれた朝廷も、調停能力と責任感の欠如から、威信の衰退を免れなかった。実に、「三方損」ともいうべき歴史的抗争であったと思われる。

決着をつけた信長と秀吉

延暦寺と三井寺の抗争に、ある意味で歴史的な決着をつけたのは信長と秀吉である。延暦寺は、元亀二年（一五七一）九月信長の比叡山焼き討ちによって「全山灰燼」に帰した。三井寺は、文禄四年（一五九五）十一月秀吉による突然の闕所によってことごとく寺領は没収、堂宇は破却され、「一山堂宇なし」といわれる状態になった。これを機に、山門・寺門の僧兵の時代は終焉した。堂宇の本格的再建は両寺とも徳川の時代になってからである。

徳川幕府の寺社御法度によって全国の本寺・末寺の関係が整理されたが、両寺の関係はとくに問題にはされていない。

ところで、延暦寺も三井寺もいっとき地上から消え去る災難を被ったわけであるが、なぜ三井寺がそんな悲劇に見舞われたのか。それが次の話である。

■参考文献

辻善之助『日本仏教史』第一巻上世篇、岩波書店、一九六九年改版
『新修大津市史』第一巻古代・第二巻中世、一九七八年・一九七九年
延暦寺執行局編纂『比叡山―その歴史と文化を訪ねて―』二〇〇一年改版
総本山園城寺『不死鳥の寺　三井寺』一九九〇年
渡辺守順『僧兵盛衰記』三省堂選書、一九八四年

第七章　秀吉による三井寺闕所の謎

不死鳥の三井寺

園城寺《おんじょうじ》(三井寺)は、歴史文化と景観の魅力に富んだ日本有数の名刹の一つである。琵琶湖を鳥瞰する風光明媚な比叡山麓に立地し、多くの国宝・重文を蔵するが、古代以来、歴史の荒波にもまれ、何度となく存亡の危機にさらされてきた。

十一世紀後半から十六世紀戦国時代末までのあいだに三井寺が被った焼き討ちは、大小五十回に及び、「壊滅的な破却は十度」にもなるといわれている。平成二年(一九九〇)に智証大師一千百年御遠忌を記念して出版された三井寺の写真集は、こうした災難を乗り越えてきたことを振り返って、『不死鳥の寺　三井寺』と題している。

三井寺は、同じ天台宗で信長による焼き討ちの被害に遭った山門の延暦寺に比べて古い仏像・仏画が多く残っているが、堂塔のほとんどは江戸期のものである。延暦寺は、元亀二年(一五七一)秋の信長による焼き討ちを受けて「全山灰燼に帰す」といわれたが、山下の寺門三井寺は、文禄四年(一五九五)十一月秀吉による突然の闕所《けっしょ》で、「一山堂宇失う」という事態に陥った。

実はここで、三井寺の歴史の中で最大といっても過言ではない謎に出くわす。なぜ、秀吉は三井寺を闕所にしたのか。この件を謎というのは、秀吉による三井寺闕所の理由に触れた文献をほとんど見かけないからである。三井寺について書かれた案内書や史書の大半は、ただ闕所のあったことを記すのみである。

今回のテーマは、推理をしようにも、手がかりがほとんどない。自分でもどういう結末になるか、結局よくわからなかったということになるのか、はなはだ心許ないが、とにかく手探りで進んでみよう。

三井寺の魅力と謎

三井寺に参詣すると、謎というほどのものではないが、オヤと思う事柄に出会う。

例えばその一つは、有名な「弁慶の引き摺り鐘」である。奈良時代作で重要文化財に指定されている古鐘であるが、この鐘は、鋳上がりが悪い上に傷や欠損が見られる。山門が三井寺を攻撃した時に一旦山上に持ち去られたことが伝説に残されていることから、傷や欠損はその時の痕跡であろうと推測され、「弁慶の引き摺り鐘」と俗称されている。この鐘は、山門と寺門の抗争の象徴であるといってよいが、どこまで信じてよいのか。弁慶がからんでいるとたちまち話が創作っぽく見えてしまい、ニヤリとしたくなる。

そもそも弁慶なる人物は、非実在説もあるように、その存在を裏付ける史料は乏しい。

弁慶の引き摺り鐘

弁慶が比叡山の武蔵坊で修行していたかどうかも定かではない。彼にまつわる話の多くは、軍記物が創りだした文学の世界である。「弁慶の引き摺り鐘」の「弁慶」という部分は作り話といって差し支えない。いつから「弁慶」がくっついたか不明である。調べてみたが、江戸時代に著された寒川辰清『近江輿地志略』には、この鐘のことが詳しく載っており、昔から傷や欠損をめぐって妄想の類まで諸説あることを紹介しているが、「弁慶」なる語はまったく出てこない。三井寺には、このほかにも煮炊きに使われていた大きな「弁慶の汁鍋」（鎌倉時代）がある。この「弁慶の汁鍋」は、文化十二年（一八一五）に刊行されたガイドブックの『近江名所図会』には載っている。思うにこのころに、この鐘も「弁慶」の名称を冠してブランド化したものであろう。

三井寺だけではない。延暦寺に上がれば、「弁慶のにない堂」「弁慶水」がある。まあ、悪気のない観光スポットづくりで、全国どこの社寺にもこうしたさまざまな伝承があって、参詣客を楽しませる趣向だと思えばよいが、両寺とも天下の大名刹である。

もう一つは新羅《しんら》明神。三井寺には、智証大師円珍の山籠修行中に円珍を生涯護持することを名乗って現れた不動明王と、円珍が唐から帰国する際の船中に、自分は新羅国の神であると名乗り円珍の護持を誓って現れた新羅明神という、二つの重要な守護神がある。どちらも三井寺の武威増進の神であるが、とくに新羅明神は、鎌倉時代から源氏系の武士の棟梁たちによって篤く奉られ、そうしたこともあって三井寺は源氏の氏寺ともいわれるようになった。源氏の武将で、武家の名門である佐竹氏の家祖とされる源義光が、この新羅明神の前で元服したことから新羅三郎義光と名乗ったことは有名である。

しかし、はばからずいうと、新羅明神の絵姿と木像は、あまりにも異形である。そのために拝顔者に驚きを与えている。興味をかきたてられるこの明神が史料の上にあらわれるのは、九世紀半ばの円珍入唐からはだいぶ遅く、平安末期と考えられているが、石丸正運氏は、先にあげた智証大師一千百年御遠忌記念写真集の解説の中で、「山門との確執が増大するところから、寺門の護法神として強く意識されてきた神で、山門の赤山大明神に対応するものであったといわれている」とのべている。円仁にちなんだ伝承を持つ京都修学院の赤山禅院の赤山大明神は中国山東省にある神であるが、新羅明神は名前の通り朝鮮系の神である。ともに入唐僧であった円仁と円珍の弟子たちのあいだでの意地の張り合いを感じさせる。

新羅明神にはいくつかの学問的考証があるようであるが（例えば、辻善之助『日本仏教史之研究』）、立ち入ることはしない。ただ、三井寺の開基壇越といわれる大友村主《すぐり》が渡来系氏族でその氏神が新羅明神であり、こうした経緯から三井寺の守護神になったのではないかと推測されている（『新修大津市史』第一巻古代）。

新羅明神はなにぶん秘仏扱いである。仏画も彫像も実物はめったに公開されないので、通常は写真でお目にかかるしかない。仏画を写真で見ると、なるほどこの翁は長い髭とか爪とか鋭い目つきとか異国情緒にあふれている。ところが、彫像を写真で見ると、顔つきは笑っているのか怒っているのか異様であるし、仏画とはまったく似ていない。「その風貌は、数ある神像彫刻中でもきわめて特異なもので、外来神・護法神というだけでは理解しがたいすご味がある」（『新修大津市史』第一巻古代）。新羅明神の彫像と仏画は、誰によってどういう経緯で作成されたのか、輸入品ではないだろうが、これがもう少し詳しくわかれば、興味がいや増すことは間違いない。

上記の二つは、三井寺の魅力を強調したいがためであるが、もう一つの秀吉によるまったく唐突な闕所は、歴史上の本物の謎である。

秀吉と三井寺の関係

まずは、秀吉と三井寺との関係から調べてみよう。

現代の書物をいろいろと漁ってみたが、実は、両者の接点はこれといって出てこない。三井寺略年表（前掲の『不死鳥の寺　三井寺』所収）によれば、天正十年（一五八二）に信長を殺した明智光秀を追いかけていた秀吉が三井寺に陣している。そして、小栗栖の百姓が持参してきた光秀の首を実検している。三井寺に陣することは信長においてもちょくちょくあり、比叡山焼き討ち前夜には三井寺光浄院に宿泊している（太田牛一『信長公記』）。光浄院は、三井寺の中で最も格式の高い子院とされ、客殿と庭園のいずれも今日国宝に指定されている。当時においては、いわば最高級ホテルのような宿舎であったのだろう。

秀吉は、三井寺に朱印地の寄進もしていない。ただし、秀吉と三井寺のあいだには、注目すべき一本の太いパイプがあった。それは、秀吉が、三井寺の長吏を務めた道澄《どうちょう》に帰依していたことである。道澄は、関白太政大臣近衛稙家の三男という貴種の家柄で、得度のあと順調に出世し熊野三山検校、大僧正、准三后、そして園城寺長吏となるなど、そのキャリアからいえば宗教界の最上位をきわめたといってもよい人物であった。秀吉にとっては、とくに連歌《れんが》の師匠であり、経験豊富な政治的助言者でもあり、あるいは宗教的行事の導師でもあった。秀吉が京の方広寺大仏殿を建造したときには、初代住職となっている。

秀吉とは、まさに大きなパイプの持ち主であった。その道澄が、北白川の方広寺照高院門跡として、すでに隠遁生活に入っていた時期のある日、秀吉による「寺領取上げ諸堂取壊」という報を耳にした。道澄にとってこれぞ寝耳に水、いきなり降りかかってきた法難に身が震えたに違いない。

しかし、道澄は、どこからか仏罰を受けるようなことは、まったく身に覚えがなかったに違いない。彼は、闕所後、ただちに各方面に復興を働きかけて、秀吉の遺言でその許可を得ると、精力的に再建事業を推し進めた。道澄は、こうした功績によって「三井寺中興の祖」といわれている。

秀吉は、道澄に帰依していたとはいえ、あくまで道澄個人への帰依で、三井寺への信仰が篤かったわけではなかったかもしれない。三井寺自体は、道澄の存在を除けば、秀吉との間には良くも悪くも特別の関係はなかったと考えられる。また、もし三井寺が秀吉に敵対する戦国武将と何らかの深い関係があったとすれば、そのことによる咎が及ぶことも考えられる。徳川家康（慶長六年に伏見城内の桜門と三重の塔、のちに大門を寄進）や毛利輝元（同年に一切経等の経藏と収納の堂を寄進）が三井寺復興に尽力したことは有名であるが、これらの武将は反秀吉だったわけではなく、また寄進は秀吉亡き後の話である。

秀吉による突然の闕所

「闕所」とは　所領・財産を没収する刑のことである。三井寺は寺領をすべて取り上げられ、堂宇は破却とされた。闕所にともない、三井寺に対して次のような措置がとられた。

①寺門の管理は山門の延暦寺に任され、寺領は延暦寺の領地とされた。

②具体的な采配は草津の芦浦観音寺住職の詮舜《せんしゅん》が担当した。

③寺内の堂宇は破却されたが、弥勒堂（金堂）は延暦寺に移築され、西塔の転法輪堂（釈迦堂）となった。

④三井寺の仏像・仏画等の蔵物は、道澄のいた京の方広寺照高院や三井寺周辺の寺院に預けられた。

闕所は財産刑であるので、三井寺の僧侶が処罰を受けることはなかったが、僧侶たちは一挙に失業状態となった。闕所は通常は廃絶を意味し、この時点で、三井寺は廃寺同然に追い込まれたのである。

しかし、道澄から必死の赦免の働きかけを受けた毛利輝元・前田利家・徳川家康など五大名連名の嘆願と北政所のとりなしに効果があったようで、秀吉は遺言で寺領の還付、復興の許可を与えた。かくして、慶長三年（一五九八）、闕所後わずか三年で再興をスタートさせることができた。闕所の解除は、意外にあっけなかったといえばいえなくもないが、それよりも、何度もいうように突然の闕所の理由がよくわからない。道澄は、赦免の働きかけの中で、秀吉の誤解を解くべく必死の弁明を申し立てたであろうが、その内容は伝わっていない。そもそも、三井寺自身が、豊臣家批判になることを避けるため闕所の理由に立ち入ることをタブーにしたかのように、当時も今も沈黙を続けている。あるいは三井寺自身も、よくわからないのであろうか。

秀吉が三井寺に桜の花見を所望したところ三井寺が断ったとか、あれこれ闕所の原因を探った説もあるようである。しかし、現在までのところ史料不足のせいか、これという確証を見い出した研究は見当たらない。

闕所の理由を推理する

そこで、筆者も思いつくままに、以下に記す三つの可能性をあげて、消去法のかたちで吟味してみることにする。

㈠秀吉の寺領縮小政策

第一は、寺領の没収そのものが秀吉の目的であったという可能性である。これは、秀吉に、三井寺に限定してねらいを定めたというよりも、一般的な寺領縮小政策があったかどうかが問われるところである。すなわち、僧兵武力の経済基盤となってきた寺院の荘園経済の解体政策を進めたのではないか、その一環が三井寺の闕所ではなかったかという推理である。

この可能性を最初に持ち出すのは、三井寺闕所はいわゆる「太閤検地」の時期に重なっているからである。闕所の前年には、全国一斉の検地がなされている。太閤検地は、大名の所領の石高を正確に把握し、それを安堵して秀吉の支配の基礎を固めることにねらいがあったとみなされているが、貫高制から石高制への切り替え、度量基準の統一、全国一斉の立ち入り検地など、内容として画期的であった。検地は、寺領も対象とし、検地に応じるのと引き替えに朱印状でもって（さらに宗教活動に専念するという条件付きで）寺領を新たに安堵した。これによって、古代以来の荘園制度は一挙に解体してしまうことになった。

寺院の多くは、検地によって自らの寺領が縮小した。かつては大和一国を寺領として支配してきた奈良の興福寺は、信長と秀吉によって連続してなされた検地で、一万九千石から一万五千余石へと削減されている。

近江国検地は、文禄元年（一五九二）に実施されているが、このとき三井寺も対象になったかどうかはわからない。もし、対象とされながら、三井寺がそれに協力しなかったから闕所の処分を受けたと考えられないこともないが、そんなことはまずありえない。全国で寺領の検地にからんで闕所となった例は知られていない。検地は検地、闕所とはまったく別のものなので、両者を結びつけるのは到底無理なこじつけである。

㈡山門と寺門の一体化政策

第二に、秀吉は、三井寺を闕所にする十年ほど前の天正十二年（一五八四）に延暦寺の復興を許可している。秀吉には、この頃から、比叡山の山門と寺門の永いあいだの対立を解消し、山門中心に天台一体化をはかるねらいがあったと考えたいが、どうであろうか。闕所後の三井寺の管理を着々と復興が進んでいた延暦寺に任せていること、三井寺の金堂を山上に移して釈迦堂とするのを許可したことなどは、何かそういうウラを感じさせるものがある。とくにこんなことを想像をするのは、秀吉と延暦寺山下の日吉大社のあいだに浅からぬ関係があるからである。

ここに、三井寺再興にがんばった道澄と違って、延暦寺再興にがんばった詮舜という人物が登場する。詮舜は、比叡山の西塔瑠璃堂のわきに「舜公碑銘」が立っている。その碑文によると、詮舜は、西塔の正教坊の住持のとき信長の焼き討ちに遭うも、かろうじて大津の観音寺に逃れ、のちに草津の芦浦観音寺に移りそこの住職となった。その後、秀吉からら信任厚く、芦浦観音寺が取り仕切っていた琵琶湖の船奉行に任命される。彼の思いはひたすら延暦寺西塔の再興であった。秀吉にたびたび延暦寺復興の許可を願い出たが、信長の断固たる復興不許可の申し送りがあったので、容易には許可がでなかった。一方秀吉は、信長の焼き討ちで壊滅的な被害を受けた日吉大社については、「日吉」「猿神」の縁で復興を熱心に支援していた。そこで、詮舜は、秀吉に、日吉大社と延暦寺の関係の一体であること、延暦寺の復興も又同時に進めるべきことを説き、ついに許可を得るのに成功した。こうした経緯があったので、闕所後の三井寺に関する差配を任された詮舜は、なんと三井寺の金堂をもらい受け、延暦寺西塔に移築することの許可も得、それを実行したのであった。延暦寺には詮舜の功績を讃える碑があるのに、三井寺の側からは、詮舜に対する声は何も聞こえてこない。

もしも、秀吉の頭の中に山門と寺門を山門中心に一体化する考えが浮かんだとするならば、秀吉には山門贔屓になる積極的な理由があったのである。とはいえ、三井寺を闕所にしてまで、そうしたかったのかどうか、確たるものは何もない。双方完全に独立していた山門と寺門を、どちらかを犠牲にして無理に再統合させるといったことは、単に筆者の妄想で片付けられそうである。

㈢秀次失脚への連座

闕所の年の文禄四年(一五九五)は、秀次失脚の年である。この秀次失脚に関連して、何らかの連座責任が三井寺に及んだ可能性はないかというのが三番目に思いつく可能性である。

それを思わせる手がかりが、延暦寺執行局編纂『比叡山―その歴史と文化を訪ねて―』（二〇〇一年改版）の中にあった。「文禄四年秀吉は、弟の秀次が園城寺と通じているなどと理由をつけて、突如三井寺の闕所（廃絶）を命じた。そのとき堂舎の一部が比叡山の復興名目で移築されたと言われる」という短い一文である。これで俄然、第三のケースが有力となってくる。しかし、秀次と三井寺のあいだにどんな具体的関係があったか、いろいろ調べても決め手といえるような話は出てこない。

三井寺には秀次と通じていた事実が具体的にあったのか。これまた両者の接点が見当たらない。ただ、三井寺の関係者とはいえないが、秀次と三井寺をつなぐか細いパイプのような人物がいる。秀次への連座の疑いによって三井寺で蟄居させられた連歌師の里村紹《さとむらじょう》巴《は》である。里村紹巴の疑われた理由も不明な点が多いが、巷間伝えられているところをまとめてみると、次のようになる。

①天正十年（一五八二）、紹巴は、連歌師として明智光秀と親しく、光秀が本能寺焼き討ちの前夜に戦勝祈願のために催した「愛宕百韻連歌興行」に宗匠として参加した。このとき、光秀の発句「ときは今天が下しる五月哉」に対して、紹巴が「花落つる池の流れをせきとめて」と第三を読んだことはよく知られている。後世の解釈では、光秀は、このとき初めて自らの天下取りの意志を表に出し、それに対して紹巴は「せきと

めて」、すなわち「おやめなされ」と自重を促したとされている。
②こののち紹巴は、秀吉の催した連歌会に呼ばれ、光秀の謀意を知っていたのではないか、あるいはそれを見過ごしたのではないかと尋問糾明を受けたといわれている。しかし、これについては疑問視する研究が多い。
③文禄二年（一五九二）関白秀次は聚楽第で連歌会を催し、紹巴も連衆に加わっている。ここに、紹巴と秀次の接点が見い出される。紹巴が秀次問題の連座責任で三井寺に蟄居させられ、三井寺もまた闕所となるのはこの二年後である。

紹巴と道澄は、互いに連歌の縁で親交があり、ともに秀吉に引き立てられた間柄であった。両者は、高野山の武力放棄に関する会議、秀吉が九州の島津征伐から帰阪して催した連歌会、さらには秀吉の母大政所の三回忌の連歌会に呼ばれて、顔を合わせている。紹巴は、三井寺との関係では連歌師として道澄と会うためにたまに寺へ出入りすることがあったかも知れない。しかし、紹巴が、秀吉からこころよく思われていない存在だったとは考えにくい。

秀次失脚時には、讒言で連座を疑われた人物が多数処罰されているから、当時は誰かから無責任な讒言《ざんげん》が飛び出してもおかしくない情勢にあった。聚楽第の連歌会に参加したことを秀次の一味であるかのようにいう者がいて、そうした讒言のトバッチリを受けた疑いが濃厚である。道澄については、聚楽第に出かけた記録はなく、しかもすでに隠遁生活に入っていた彼まで讒言される可能性は考え難い。もし讒言があったとしても、三井寺でなく、道澄その人に問題が及んだはずである。要するに、秀次と紹巴、紹巴と道澄が、それぞれ極細のパイプでつながっていることがわかったが、三井寺は秀次問題とはまったく無関係であったといって間違いない。紹巴が秀次問題の連座責任をとらされたので、三井寺はついでに紹巴への連座を問われたということだろうか。

いまあげた三つの可能性は、これといった根拠がなく、この節の冒頭にのべたように筆者の単なる思いつきである。

あえて気にかかることがあるとすれば、やはり先の秀次問題と三井寺闕所の関係である。文禄四年は、夏に秀次が高野山に追放され、そこで蟄居させられるのかと思えば自害させられ、聚楽第の破却、大量の近親者の処刑、連座を疑われた者への処罰が続き、秀吉の狂気がまさにピークに達していた時期である。要するに、秀次失脚と大量の連座責任という大騒動を引き起こした秀吉の狂気のなせるわざの一つが、説明のつかない三井寺闕所であったのではないだろうか。なお、秀次失脚の理由、彼に謀反の企てがあったというのは、今日ほぼ完全に否定されている。

結局、よくわからない、というのが結論である。

■参考文献

総本山園城寺『不死鳥の寺　三井寺』一九九〇年
『新修大津市史』第一巻古代、一九七八年
寒川辰清（宇野憲一編）『近江輿地志略』弘文堂書店、一九七六年
泉谷康夫『興福寺』吉川弘文館、一九九七年
延暦寺執行局編纂『比叡山―その歴史と文化を訪ねて―』二〇〇一年改版

第八章　延暦寺の堅田大責とその背景

延暦寺による堅田焼き討ちの謎

「堅田大責《かたたおおぜめ》」とは、応仁二年（一四六八）に起こった延暦寺による近江国堅田に対する焼き討ち事件である。その前年、応仁元年には京都で細川勝元（東軍）と山名持豊（西軍）が衝突して「応仁の乱」が勃発し、近江の地域も騒然としていた最中であった。

きっかけは堅田衆の海賊行為である。堅田の漁師が、湖上で京都から避難してきた僧の舟を襲ったり、「花の御所」用の建材の輸送責任を怠ったことに対して、室町将軍が延暦寺に堅田討伐を命じた。このことだけを見ると、非は堅田衆にあり、責められた堅田衆に同情の余地は少ないといわなければならない。

ところが、事はそう簡単ではない。大責の背景には、天台と真宗、言い換えれば旧仏教と新仏教の激しい対立があった。またこの事件は、自らの膝下で荘園制度が崩壊しつつあったことに対する延暦寺の危機感と失地回復のねらい、堅田の地域経済を支えていた漁業権、琵琶湖上の関《せき》と上乗り《うわの》という営業特権を奪い取ろうとする坂本衆の野望など、すぐれて経済的利害が絡み合った事件であった。

堅田大責に関しては、地元の本福寺《ほんぷくじ》文書（『本福寺跡書』と『本福寺由来書』。いずれも千葉乗隆編著『本福寺史』一九八〇年、に収録されている）に詳しい記事ある。また、中世堅田の全貌を明らかにしている研究書として、横倉譲治氏の『湖賊の中世都市　近江国堅田』（一九八八年）がある。同書は、堅田大責に関しても詳細な考証がなされていて参考になる。大責の経緯は相当詳しく解明され、事件の背景、輪郭も十分に分析されていると思われるが、それでも大責を扱った書物であまり言及されていない点がいくつかある。

第一は、発端となった海賊行為に対して、室町幕府は自ら軍兵を派遣するといった措置を執るのではなく、延暦寺に発向を命じているが、幕府と延暦寺のこうした関係をどう理解するかである。ときの室町将軍は、銀閣寺を建てるなどして東山文化を築き、「政治には無能、美的センスにおいては天才」などと揶揄される第八代足利義政であった。義政は、華美な別邸を造営する資材がきちんと運ばれなかったことに対して余程怒ったに違いない。しかし、その懲罰として比叡山山門に命じて堅田を攻撃させたところが注意を要する。これまでの解説書などでは、単に幕府が延暦寺に「命じた」と書いている。しかし、室町幕府と延暦寺のあいだは良好な状態ではなかった。むしろ険悪な雰囲気にあった。両者のあいだにそんなに簡単に命令関係が成立するはずはなかったと思われる。

第二は、堅田大責は、攻め手の人数は正確にはわかっていないが、数百人はいただろう。しかし、山門の僧兵たちが大挙山から下ってきて、もっぱら僧兵だけが戦闘に従事したわけではない。坂本衆に対して山門の発向命令が下され、坂本の湖岸集落の住民と馬借が動員されている。戦闘の構図を見ると、あたかも坂本衆対堅田衆の実戦であったかのようである。とりわけ謎めいているのは、坂本の馬借が攻撃の尖兵的役割を担っていることである。ところが、山門には坂本衆にこうした武力発向を指示する権限があったのか、とりわけ馬借に対してどうしてそんなことができたのか、このことも疑問である。

以下では、上記の問題を考えるが、せっかく堅田を取り上げるので、合わせて琵琶湖西岸の堅田というまちの豊かな歴史文化やかつての産業にも目を向けたい。そうすれば、堅田大責の本質、さらには中世比叡山が自らの膝下の地域社会とどのような利害で交錯していたのか、それらがいっそうよくわかってくると思われる。

1.「甚だ富裕なる堅田と称する町」

堅田の成り立ち

堅田（現・滋賀県大津市）の歴史地理を簡単に説明しておこう。

琵琶湖は、現在、琵琶湖大橋が架かっているところで両岸の距離が約二キロメートルと最も狭くなっている。このくびれのところで南湖と北湖に区別される。また琵琶湖を囲む地域は湖南・湖東・湖北・湖西の四つに分かれている。堅田は湖西側にあり、対岸は守山である。

この地は、古代より宗教色の濃い地域であった。朝鮮系の渡来人が集落をつくり、その有力豪族が仏教の氏寺を創建した。また漁業と湖上水運の要地として発展した。近江国には短期間であったが、「大津宮」が設けられ、その影響を受け、北陸道の穴太《あのう》駅、和邇《わに》駅が、堅田から遠くないところに設けられた。宗教色豊かで、漁業と湖上水運の要地であったこと、たえず複雑な宗教勢力と政治権力の影響下にあったことは、中世を通じても変わらない堅田の地域特性をなしている。

八世紀後半に最澄が比叡山に延暦寺を創建し、天台宗が影響力をひろげるようになった。堅田はその膝下の地域として荘園体制に組み込まれた。平安時代末期には、延暦寺の荘園の数は近江国に計百九十七カ所、うち堅田を含む滋賀郡には二十四カ所あった。

堅田の名が史料に初めて登場するのは、湖上運送の「渡り」（船渡場）として、十一世紀半ばのことである（高島幸次『近江国堅田神田神社の歴史』神田神社御鎮座一千五十年式年大祭実行委員会）。堅田は、寛治四年（一〇九〇）、京都の下鴨社の「堅田御厨網人」として、供御人の役割を果たすこととなり、琵琶湖での漁業権と自由通行権を認められ、課役を免除された。鎌倉時代には、御家人を地頭とする支配体制がひろがって、堅田庄は守護佐々木氏が支配する地域となり、「下鴨社領御厨、山門領荘園に、加うるに地頭佐々木氏の三者の支配下」におかれることになった。山門領というのは、「横川楞厳院領近江国堅田庄」のことで、比叡山三塔の一つである横川の支配下に属していた。

宗教面では、鎌倉時代には禅宗の普及が見られ、次いで真宗が堅田衆をとらえてひろがった。真宗は、十五世紀に入ると近江全域にひろがっていた。とくに十五世紀中ごろには本願寺第八世蓮如と堅田にある本福寺の住持であった法住の密接な繋がりのもとで興隆期を迎えた。堅田大責のころには、近江の各地には真宗の道場が作られ、天台の地域的影響力は衰退しつつあった。このように、堅田地域では旧来からの天台、次に禅宗、さらに真宗と、影響力のある宗教が変動し、それらがこの狭い地域社会で支配力を競ってきた。

堅田は漁業、水運に加えて商業活動も活発となり、交易の範囲は日本海側の広範な地域に及んだ。堅田は港町、漁師と商人の町としておおいに栄え、宣教師フロイスは、「甚だ富裕なる堅田と称する町」（耶蘇会士日本通信）と母国への書簡の中でのべている。

惣村自治の典型であった堅田

堅田は、近畿地方に展開された中世惣村の典型の一つであった。惣村とは、「室町時代、荘園解体期にあらわれた村人の共同体的結合」（『広辞苑』）のことである。地方自治の歴史学では、「古典的自治」「近代的自治」といった区別があるが、中近世の惣村や戦国期の泉州堺などの都市自治は「古典的自治」の形態に属する。堅田は、泉州堺と並び称せられる「中世自由都市」であったとみなされている。惣村は、土地を守る鎮守社に宮座を設け、その正式な構成員の協議でもって地域の賦役や重要事項、村掟、警察、防犯対策などが決定された。惣村は、荘園領の中にあっても、荘園とは異なる住民の自治的な生活基盤を形成していたのである。

しかし、一口に惣村といっても、その具体的形態や成立の事情は多様であった。堅田は、百姓を中心とした地縁的結合の性格はうすく、漁民や商工業者、地侍などを中心とする結合組織として発展した。堅田は、堅田三方と称される北ノ切・東ノ切・西ノ切という地区から成っていた(これに今堅田を加えて堅田四方ということもある)。住民は、下鴨社の御厨の供御人であった居初《いそめ》党を先頭とした地侍が「殿原衆《とのばらしゅう》」という庄の指導層を形成し、一般の農民・漁夫・舟乗り・商工業者の「全人衆《まろうどしゅう》」、さらに間人・旅人・譜代家人・下部という三つの階層に別れていた。寿永元年(一一八二)地域の中心にある伊豆神社に宮座が設けられ、当初は殿原衆が宮座を独占していたので、惣庄の運営には階層的な差別があった。

中世の堅田地域に関しては、堅田惣庄や湖西の本願寺教団を対象とした多くの研究がなされ、その成果はわが国戦国期の惣村自治の研究や本願寺・一向一揆に関する研究を「飛躍的に発展させてきた」といわれている(高島幸次、前掲)。

2. 堅田大責の発端と経緯

山門による堅田発向衆議

堅田大責の経緯をのべる前に、すでに延暦寺が堅田に合戦を仕掛ける寸前の事態が生まれていたことに触れなければならない。すなわち、堅田地域が真宗の一大拠点になっていたこと、それに関連して二つの重要な出来事が先行していた。

一つは、真宗側で「寛正の法難」と呼ばれる延暦寺僧兵の本願寺攻撃があったことである。寛正六年（一四六五）正月、山門衆徒約百五十人が大谷本願寺（現在の京都市東山区にあった）を襲い破却した。このために、蓮如は、門徒の道西がいた近江の金森に移ったが、延暦寺の山徒は近江の真宗道場にも攻撃をかけ、ついには堅田門徒と山門の抗争に至った。このときは、本福寺の住職であった法住が山門に八十貫文の銭を払うことを約束して合戦が回避されたが、山門との不和を解消するために法住は比叡山に上り、衆徒の評定の場で真宗の教義を説いて、本尊を掲げることを認めさせた。これは、「山門の膝下で真宗教団の活動を公認」させ、真宗信徒が「信教の自由」を勝ち得た画期的な出来事であったとされている（『図説日本の歴史　滋賀県の歴史』および『本福寺史』）。

もう一つは、応仁元年二月上旬、京都から近江へと難を避けて移動していた宗祖親鸞の祖像が本福寺に動座されたことである。同年十月の報恩講では蓮如も出座して、盛大な法要が行われた。堅田門徒は、祖像と蓮如を迎えて、「喜びの中の喜び、幸の中の幸」という至福の境地に浸る有り様であったと、『本福寺由来書』は伝えている。これらのことが、山門をいっそう刺激したことは疑いない。堅田大責は、蓮如が当地に滞在していた時期であったから、延暦寺には蓮如を襲う狙いもあった可能性がある。

上にのべた経緯を知れば、堅田大責が決して偶発的に起こった事件でなく、山門による真宗弾圧の緊迫した流れの中で生じた事件であったことがまず理解されよう。

さて、事件の発端は、すでに触れたが、京の戦乱で住坊を焼かれ避難してきた相国寺の僧が乗った旅舟が、堅田沖で海賊に遭遇して災難に遭うという事件であった。また、幕府の舟も襲われた。こうしたことがあった上、室町将軍をとくに怒らせたのは、堅田の海賊行為で、花の御所の造営用資材（当時最高級とされていた美濃材と推測されている）がきちんと運搬されなかったことである。このことが、幕府の要請を受けて比叡山山門による堅田発向を招くこととなる。

応仁二年正月九日、山門において、堅田発向すべき衆議、六三人の評定これあり。

故如何と言うに、湖上海賊ほしいままの働、あまつさえ京都花の御所御造営の御材木のぼる、その年余南たまわる、その緩怠によって御下知なさるるなり。（『本福寺跡書』）

山門の堅田発向の情報は、いちはやく本福寺住職の法住の耳にとどいた。そこで、本福寺は、大急ぎで親鸞の祖像と蓮如を大津の真宗道場に避難させた。

『本福寺由来書』の伝える大責の状況

応仁二年三月二四日、堅田大責と廻文まわりて、同二十九日、城のきわへ敵つめて、をめきさけんで、攻めたりけり。山門を敵にうけてんければ、東西南北、味方する里も無なし。われもわれもと、海の中に、沖に行かなんとあがきて、よろず財宝・足弱をおきたりける。あまりの攻めごとなれば、数度に及んで、城より打って出ずれば、衣川・たておか・雄琴・苗鹿の里までも、追うて出でたり。いくたび追うて出ずれども、手にたまらぬとて、たとい城の中まで、敵打入、みだれ入るとも、まくり出さんとて、おしたまりて居たりければ、西浦の磯のきわより、法西の葛屋へ、大みなみの大風ふくに、火矢をいこみたれば、焼けあがり、大御堂の檜皮葺の屋根まで、火矢をいこみ焼きたてて、城には一人もたまらず、うみなるゆかに、置きつるものの取り入れて、その日、沖の島をさして、舟をおし出し、よき順風なれば、帆をあげて落ち行、やがて島へぞつきたる。東浦の将監方、落ちば、落ちらるべきに、地下の旗をとりに戻りて、敵に会い、下馬場西のうみばたにて、腹を切らる。（『本福寺由来書』）

攻撃を加えた比叡山の山徒が何百名であったか不明であるが、すでに触れたように、それには坂本衆も加わっていた。堅田衆は城（掘割り要塞）をかまえて必死に防戦したが、責め立てられ、寺々も焼き討ちの被害を受け、とくに民家の多くが焼き払われた。住民は、湖上に待機させてあった舟で沖の島に避難したが、老人などの弱者は多数置き去りとなった。五日間にわたる攻防戦であった。

この結果、堅田衆が掌握していた関と上乗りの権利は、山門によって坂本衆に与えられた。

堅田衆の還住をめぐる交渉

しかし、堅田衆をあげての坂本衆に対する反撃が始まった。

その以後、また三院より、途津・三浜を発向の時、堅田衆、手をくだき退治を加うべき一義これあるあいだ、堅田四方の長舟の手遣をもて、命を塵芥に軽んじて、攻めいり、込み崩し、焼きはらい、本意に落居す。よって関・上乗を取り返すところなり。殿原も全人衆も、双方切り限りに、一切り々々の水兵、一艘々々にとり乗り、とり乗り、その戦い、名を末代に残さんと、鑓の潮頭をにぎって、会稽を雪めおわりぬ。紙上にのするにいとまあらず。（『本福寺跡書』）

この記録を見ると、関・上乗りという堅田の二大特権を取り返すための命がけの戦いが繰り広げられた有り様が手に取るように伝わってくる。陸戦では山徒や坂本衆が強かったであろうが、海戦では水軍力にまさる堅田衆が強かったであろう。この勝利を背景に、文明二年（一四七〇）和平交渉が成立し、堅田は多大な賠償金を払うことで、還住が認められた。賠償金の額は法住三百八十貫、弟の法西八十貫、大北兵衛百二十貫、塩津兵衛入道法円百貫という、寛正の法難のときと比べてはるかに巨額であった。

3．堅田大責をめぐる謎の考察

幕府の延暦寺に対するアメとムチ

『本福寺史』では、堅田大責の複雑な背景的理由を次のように指摘している。

「五日にわたる善戦のすえ、堅田は四方から焼きたてられ、海上に待機させていた舟に分乗し、沖の島へ撤退した。山門の堅田大責は、将軍の命にしたがい、海賊をはたらいた堅田衆をこらしめるという目的以外に、膝下で増大しつつある真門宗徒を弾圧し、また金でもって山徒を愚弄する法住らと全人衆をたたきつぶそうとの意図もあった。さらには堅田衆の上乗と関務の権益をねらう坂本衆の野望も背後に感じられる」

事件の背景と本質をあらためて探ってみよう。

まず、発端となった堅田の漁師の海賊行為について、そもそも、上乗りが湖岸の漁師に認められていたのは、彼らが海賊化するのを防止する目的もあった。当時は各地で海賊が横行し、応仁の乱で極度に治安が悪化していた。戦乱と治安悪化の時期には海賊も山賊も盛んになることは、古今東西珍しくない現象である（話が逸れるが、われわれ日本人には海賊や山賊などは何百年にもわたって無縁のものと考えられがちであるが、実は日本でも第二次世界大戦が終わって間もない、一九四八―四九年ごろに瀬戸内海で数件の海賊事件が発生している）。室町幕府は海賊を海岸警備に利用することもあった。海賊取り締まり政策のようなものはなかっただろう。海賊の本格的な禁止は、一世紀以上ののちの信長・秀吉の時代になってからである。

問題は、室町幕府と延暦寺の関係から考えると、両者のあいだに容易に上下の命令関係が成立するはずはなかったことである。そもそも、室町将軍は延暦寺との関係において最初から良好ではなく、南北朝の時代、延暦寺は南朝方であり、北朝方の幕府にとっては「目の上のこぶ的存在」であった。幕府を開いた足利尊氏は、延暦寺を三井寺の末寺とし、所領を没収し、僧を追い払ってしまう計画を考えたことで有名である。また、六代将軍足利義教は、信長に先立つこと、しかも二度にわたって延暦寺を焼き討ちして大被害を与えている。このような歴史的関係にもかかわらず、どうして命令が通ったのであろうか。

この時期、室町幕府は延暦寺に対して強訴を起こさせないための懐柔策に腐心していた。それが足利義満の設けた山門使節の制度であった。これは、天台座主を選ぶ母体の三門跡中の有力な信徒を複数名幕府の使節として任命し、山門と山門領内の治安等を監督する権限を与え、同時に幕府からの命令のパイプを山門とのあいだに設けるものであった。この制度によって、一時幕府が山門支配に成功したといわれるが、結局はうまくいかなかったと見られている。三門跡は延暦寺の幹部でもあったから、のちには延暦寺側の意見を代弁して幕府に逆らう事態も生まれた。しかし、堅田大責のときには、この山門使節を通じて幕府の発向命令が山門側に伝えられ、山門がそれに従ったと考えるのが筋であろう（先ほど、堅田衆が坂本衆に決戦を挑んだ『本福寺跡書』の一文を紹介したが、そこには「三院より、途津・三浜を発向の時」なる文句がある。私見であるが、この三院とは三門跡の山門使節のことであろう）。

加えてここで重要になるのは、延暦寺と堅田の関係である。延暦寺の領主的支配は弱まっていたとはいえ、堅田はまだ延暦寺の横川が取り仕切る荘園に組み込まれていた。幕府からは、堅田衆の海賊行為に対する延暦寺の管理責任を問うというかたちで、山門使節を通じて発向要請が伝えられたのであろう。同時に、いったんは賠償金を受け取って攻撃を控えていた山門は、ここに堅田を徹底的にやっつけるまたとない大義名分を得たことになる。

しかし、室町幕府は武士の政権である。武士階級ならば延暦寺の僧兵武力を抑制する動きを示すのが本来の姿である。しかも尊氏以来、延暦寺を快く思わない室町将軍である。にもかかわらず、その逆のことがなされたのは、やはり謎を残す話である。

坂本の馬借は山徒の尖兵であった

筆者は、堅田大責の本質をあらわす出来事として、坂本衆が大責に加担したという事実を重視する必要があると思っている。すでに触れたように、大責が、琵琶湖の営業特権をめぐる争いという、すぐれて経済的性質を示しているからである。坂本衆の加担についても、坂本衆のうちのどういう勢力が動いたのか、またその背後には誰がいたのか、探ってみるべき問題があるが、ありがたいことに、それらに関しては、『大津市史』『図説日本の歴史　滋賀県の歴史』の両書がほぼ答を用意してくれているので、それに従ってのべてみたい。

中世坂本の町は、室町時代に繁栄の絶頂期を迎えた。延暦寺と日吉大社の門前町として寺務と荘園管理の中枢機能を担い、湖上水運と関務、馬借による陸運、さらには旅宿、問丸、金融業の土倉などが発達していた。堅田は「堅田千軒」といわれていたが、坂本の人口は数千戸を数える大都市であったといわれる。

坂本衆の中で馬借は、京への米の運搬とともに販売を行う米商人としての性格を持っていた。ところが、米の販売権が洛中の商人に奪われ、米価が暴落したことから、抗議して京都になだれ込んで暴威をふるうようになった。いわゆる馬借一揆である。ところが、この坂本の馬借たちの一揆はまったく独自の行為であったのかといえば、そうではなく「山門之馬借」という言葉があったほど、実はしばしば山徒の尖兵としての役割を担っていたのである。山徒は馬借たちの雑務を取り仕切る年預職という仕事を握っており、馬借たちの権益は、同時にまた延暦寺の権益につながっていた。堅田大責のとき、攻撃をかけた坂本衆の中に馬借たちが含まれていたことは間違いなく、山門が堅田大責の際に回した廻文は、「成敗ニヨテ関上乗ヲ途津・三浜・馬借等、陰憐堂ニタテヲキタリ」とのべている。

坂本衆のあいだにも京都で失われた経済権益を他のかたちで補おうとする動機があったこと、それが山門の差配で、堅田の掌中にあった関や上乗りの特権を与えるという約束のもとに、馬借が大責の一翼を担うことになった、とだいたいこのように理解してよいであろう。

坂本の馬借がなぜ山門の尖兵の役割を担ったのかについては、上述の理由以外に、興味深い説がある。

『図説　滋賀県の歴史』（河出書房新社）によれば、延暦寺は永らく、朝廷に対して日吉大社の神輿を振る強訴という方法で自らの要求の貫徹をはかろうとしてきた。しかし、神輿では、神威や神罰が目に見えるものではなく、よりはっきりとそれらがわかる形態の必要性が感じられていた。十五世紀には朝廷の権力が衰退し、神威を恐れぬ武家の室町幕府になっており、いっそうその必要性が高まった。そこで、神輿に代わって、同じく神の乗り物である神馬《しんめ》を登場させ、馬借の馬たちは神威を担った神馬、馬借は比叡山衆徒の代人として位置づけられていたのではないかという。この説を紹介している『図説　滋賀県の歴史』は、「馬借の蜂起が、神輿振りの衰退と相前後してさかんになっていることは、延暦寺衆徒が自分たちに代わる者として馬借を位置づけていたことを物語っている」と指摘している。この、神威を体現するものとしての馬借蜂起の本来の恐ろしさが忘れ去られ、後世に「馬借」は単なる「一揆・暴動」と同義語化したという。

他方、堅田責めの後、今度は堅田衆が山門と協力して「坂本責め」が行われたことも注目される。これは、ほとんど注目を払われてこなかった点である。先に、沖の島に避難していた堅田衆の坂本衆に対する反撃と特権の奪還、賠償金を払っての還住というように経過を書いたが、これは通説である。しかし、先に引用した「その以後、また三院より、途津・三浜を発向の時、堅田衆、手をくだき退治を加うべき一義これあるあいだ……」という文は、山門が坂本（途津・三浜）に発向し、それに堅田衆が協力したという趣旨の内容ともとれる。

したがって、「坂本責め」による関・上乗りの権利の奪還については時期的にもっと遅かったのではないかという横倉譲治氏等の説がある。氏は、『湖賊の中世都市　近江国堅田』において、坂本衆は、堅田衆から奪った関と上乗りの権利を山門から与えられながら、十分な見返りをせず、「山門の不満によって、今度は逆に堅田が、山門に協力して、関を復活させ、上乗り権を取り返すことになる」と指摘し、その時期は、堅田衆の還住前という通説ではなく、還住後の可能性があるとしている。これが事実だとすれば、堅田衆の還住は賠償金の支払いだけで実現し、その後に実力による権利の奪還ということになるが、正確な時期は定かではない。いずれにしても、関係する諸勢力が敵味方入れ替わるきわめて複雑で興味深い展開があったことがうかがえる。

4．堅田大責と堅田衆の地域づくり

以上の考察によって、冒頭に問題設定した室町幕府と延暦寺、延暦寺と堅田の関係について、ほぼ満足な理解が得られたと思われる。ここで取り上げた問題は、堅田大責に関する一般の解説ではそこまで立ち入らない場合が普通であるが、今回は、大津市史や滋賀県史が参考になった。とくに、延暦寺と坂本の馬借の関係がつかめたことは、郷土史研究の成果のおかげで、郷土史の素晴らしさを実感した次第である。

あらためて、堅田大責とは何であったか、その本質を考えてみると、比叡山延暦寺の地域支配が十五世紀に入って急激に衰退していく過程で、その膝下で起こった他宗派弾圧と経済権益の強奪行為を象徴する事件であった。しかし、延暦寺は、これによって何ら失地回復はならず、結果的には、真宗の地域的な権威と民衆の結集をいっそう強めることとなった。延暦寺は、その後も衰退が止まず、百年余りのちには信長による焼き討ちで全山灰燼に帰するのである。

大責は、堅田衆にも大きな地域社会の変動を促した。大責のあと、惣庄の指導層は殿原衆から全人衆へと移った。坂本衆を力で打ち破って堅田の特権を奪い返した全人衆の働きがこうした変動をもたらしたことは間違いない。また、巨額の賠償金の負担を解決することも重要な要素であった。

『本福寺史』は、以下のように書いている。

この礼金の割りあてをめぐって惣庄のなかに大きな転換がおこった。殿原衆・全人衆の区別をつけず、礼金の割りあてを負担したものが帰住することとした。ただし下人・下部・譜代のものは、出銭を免除された。殿原衆の凋落と全人衆の昂揚がよみとれる。なかでも法住とその門徒の負担の大きさは、庄内での勢威の大きさと比例するであろう。この戦いを通じて、従来、殿原衆が独占していた市民権は、全人衆にも解放された。

こののち、堅田衆のあいだにあった殿原衆と全人衆といった階層区別も次第に消滅していった。堅田大責は、堅田衆にとって一時的に大きな犠牲を被ったとはいえ、住民のいっそうの結束と新たな地域自治の再出発点となり、後世に力強く語り継がれていくことになる。

コラム

堅田の湖族

満月寺浮御堂

戦国時代末に秀吉が設けた大津百艘船制度によって、堅田の湖上特権が衰微し、江戸時代になると、徳川幕府によって営業特権がさらに制限されていった。経済的繁栄は影を潜めたが、代わりに俳諧や茶道文化の盛んな地として知られるようになった。滋賀むかし話の一つ「ワナになった源五郎」は堅田で生まれた民話である。

堅田地域は、全国でも稀なほど平安時代から江戸時代に至る神社や各宗派の寺が密集して残っている。

浮御堂(寺名は海門山満月寺)は、伝によれば、平安時代中期の天台宗の僧で『往生要集』を著した源信(恵心僧都)が湖上安全と衆生済度を祈願して建立したといわれている。松尾芭蕉の「鎖明けて月差入れよ浮御堂」とい

湖族の郷資料館

う句や、浮世絵近江八景の一つ「堅田の落雁」はよく知られている。現在の建物は昭和十二年（一九三七）の再建によるものである。

浮御堂のすぐ近くには本福寺がある。鎌倉時代後期の創建で、十五世紀には浄土真宗の拠点となり、応仁二年（一四六八）に延暦寺による大責めで焼き払われた同寺は、江戸時代に松尾芭蕉の弟子である千那によって再興された。

国指定の名勝である居初氏庭園「天然図画亭《てんねんずえてい》」、室町時代に一休禅師が悟りを開いたといわれる祥瑞寺など歴史的文化財があり、浮御堂、本福寺とあわせて琵琶湖の湖西における観光スポットとなっている。

作家の吉川英治は『新・平家物語』のなかで堅田衆を「堅田の湖賊」と呼んだが、地元では「湖族」として親しまれており、「湖族の郷資料館」もある。一度参られよ。

■参考文献

『図説　滋賀県の歴史』河出書房新社、一九八七年
畑中誠治・井戸庄三・林博道・中井均・藤田恒春・池田宏『滋賀県の歴史』山川出版社、一九九七年
『本福寺跡書』『本福寺由来書』（千葉乗隆編著『本福寺史』同朋舎、一九八〇年、所収）
高島幸次『近江国堅田神田神社の歴史』神田神社御鎮座一千五十年式年大祭実行委員会、一九九八年
横倉譲治『湖賊の中世都市　近江国堅田』誠文堂新光社、一九八八年
吉川英治『新・平家物語』㈥　講談社、一九六八年

あとがき

本書の執筆は、信長の比叡山焼き討ち事件に関心をもったのがそもそもの始まりであるが、検討の範囲がすっかりふくらんで僧兵の起源から終焉にまで及んだ。日本の仏教はもとより、近江の郷土史について疎かった私にはきわめて手強い作業となった。しかし、やりかけたからには途中で挫折するわけにはいかず、一応最後まで筆を折らずにすんだことに安堵感を覚えている。

何が自分を僧兵研究に駆り立てたのか、自分でもよくわからないが、日常の暮らしのなかで歴史的文化財に出会う機会の多い近江・大津、とりわけ中世に僧兵の拠点であった比叡山の麓に住んでいることが大きいと思う。大学で人文地理を専門とする友人から、素人が歴史研究とかかわることについて、まずは「土地勘」の有る無しの損得のようなものを指摘されたことがある。滋賀県内でも湖東や湖南といった地に住んでいたならば、私の僧兵研究に火がつかなかったかもしれない。

もう一つは、僧兵に対する私のイメージの潜在的な拠り所である。本書を書きながら、私の念頭に何度となく浮かんだのは学生時代、大学紛争時のヘルメットと角材の学生の姿であった。大学の自治と学問の自由の砦、暴力と無縁であったはずの場所で、武装した学生によって何年間にもわたって暴力がふるわれた。これはあたかも戒律によって暴力を禁止されたはずの僧侶が戒律を破ったこととイメージがダブるものであった。大学紛争時のヘルメットと角材の学徒の姿は今から思い返してもまるで僧兵そっくりである。しかし、大学紛争は大学が学生を組織して武装させたものではなかったが、僧兵は中世の寺社が僧を組織した武力であった。

私の専門分野は経済学である。それが日本史の、それも中世の歴史事情を扱うので、価値観の持ち方とか評価基準の設定が難しかった。人間の意識、思想、行動は歴史的な条件の下で形成されたものなので、まずはその条件に合わせた評価基準を備えるべきであるが、どうしても自分の見る目と評価基準は近現代的な合理主義に流れ、歴史の帰趨の合理的な解釈や価値判断に傾いてしまうのである。

宗教における戒律は現実とのミスマッチで不合理だらけである。しかし、人間の営みは、必ずしもそんなにきれいな合理主義的解釈ではすまない。信仰者にとって、信仰は自己の魂を救い生活の営みを律する根源的な倫理規範を保つことである。それは同時に信仰者にとってそれ以上に合理的に感じるものはないだろう。このことがわからないと、歴史における人びとの生《なま》の生活環境と精神的条件が目に入ってこない。

僧兵も、大半は敬虔な仏教徒であり、和合の精神で結ばれたサンガ（仏教集団）の使命に真摯に従ったにすぎないと思いたい。おそらく「護法の尖兵」の役目に殉じる気高い精神に包まれていただろう。それが戒律に反した行為であり、「破戒の尖兵」とみなされることなどはおよそ考えなかったに違いない。しかし、僧兵の存在と行為は、歴史的条件の変化とともに世間から激しい非難を受け、「悪僧」「悪党」と呼ばれ、宗教者としてばかりか人間としてもまともな評価を受けることがなかった。当初本書は書名に、「僧兵はなぜ『騎士』になれなかったか」というサブタイトルをつけるつもりであったが、それは僧兵への非難よりも、その残念な宿命に同情を禁じ得なかったからである。

私は、本書の執筆を通じて、社会に対する仏教の影響について多くのことを学んだが、その一つは仏教の戒律の存在である。とりわけ生命の尊さを教え殺生を「第一重戒」とした本来の仏教思想は、古代から現代に至るまで身分、階層、職業を問わずあらゆる日本人の根源にある倫理観として影響をおよぼしてきたといってよい。しかし、それは必ずしも遵守されなかった。しかも仏教寺院がしばしばその破戒の先頭に立った。なぜそうしたことになったのか、本書が求めたその答えは、日本の仏教が鎮護国家第一の仏教、それも王法と仏法が相互に帰依する思想としてスタートしたことである。そこには王法が命ずるままに、あるいは仏法が王法を盾として武力を構え、不殺生戒などの破戒を公然と許されるものとする、いわば戒律空洞化の論理があった。

本書には、至らぬ点、大小の誤りがあることを危惧するものであるが、私の浅学さのゆえとしてご容赦願いたい。

本書の出版に当たっては、彦根市にあるサンライズ出版に大変お世話になった。とりわけ編集部の矢島潤氏には、多くのご助言をいただき、おかげで、本書は、きちんとした体裁をととのえることができた。こころよりお礼を申し上げたい。

二〇一八（平成三十）年十一月

成瀬龍夫

■著者紹介

成瀬　龍夫（なるせ・たつお）

1944年、旧満州国生まれ。高知県で育つ
大阪外国語大学中国語科卒業
京都大学大学院経済学研究科博士課程単位修得
経済学博士（京都大学）
京都府立大学女子短期大学部助教授を経て
滋賀大学経済学部教授、滋賀大学長を歴任
元放送大学滋賀学習センター長

比叡山《ひえいざん》の僧兵《そうへい》たち
鎮護国家仏教が生んだ武力の正当化

別冊淡海《おうみ》文庫25

2018年12月25日　第１刷発行
2021年10月31日　第２刷発行
N.D.C.216

著　者　成瀬　龍夫

発行者　岩根　順子

発行所　サンライズ出版株式会社
〒522-0004 滋賀県彦根市鳥居本町655-1
電話 0749-22-0627　FAX 0749-23-7720
印刷・製本　サンライズ出版

ISBN978-4-88325-191-9　Printed in Japan　定価はカバーに表示しています。

淡海《おうみ》文庫について

「近江《おうみ》」とは大和の都に近い大きな淡水の海という意味の「近淡海《ちかつあふみ》」から転化したもので、その名称は『古事記』にみられます。今、私たちの住むこの土地の文化を語るとき、「近江」でなく、「淡海《おうみ》」の文化を考えようとする機運があります。

これは、まさに滋賀の熱きメッセージを自分の言葉で語りかけようとするものであると思います。

豊かな自然の中での生活、先人たちが築いてきた質の高い伝統や文化を、今の時代に生きるわたしたちの言葉で語り、新しい価値を生み出し、次の世代へ引き継いでいくことを目指し、感動を形に、そして、さらに新たな感動を創りだしていくことを目的として「淡海文庫」の刊行を企画しました。

自然の恵みに感謝し、築き上げられてきた歴史や伝統文化をみつめつつ、今日の湖国を考え、新しい明日の文化を創るための展開が生まれることを願って一冊一冊を丹念に編んでいきたいと思います。

一九九四年四月一日